MANIFESTACIÓN CUÁNTICA

Guía Para Dirigir Tus Pensamientos Y Emociones Y Manifestarlos Positivamente En El Mundo Físico.

Cómo Dominar El Arte De Manifestar En El Campo Cuántico, Despertar Tu Genio Creativo Y Transformar Tu Realidad Empleando Tu Energía Psíquica

Margarita Mística
www.MargaritaMistica.com

Una Publicación De TUS DECRETOS

Margarita Mística
www.MargaritaMistica.com

Primera edición agosto de 2024

Contenido

Manifestación Cuántica

Prefacio

Con su profunda experiencia como experta en terapias holísticas y energía psíquica, Margarita Mística nos presenta este poderoso viaje de manifestación con esta obra: una comprensión clara y práctica de cómo aprovechar nuestro potencial energético y aplicar los conceptos fundamentales de la energía en nuestra vida diaria. Nos enseña a reconocer cómo nuestras experiencias pasadas y emociones influyen en nuestra energía y cómo podemos limpiarla y protegerla para mantener un equilibrio saludable.

Uno de los aspectos más destacados de este libro es la exploración del poder de los empáticos. Margarita nos explica cómo las personas altamente sensibles pueden percibir y absorber la energía de su entorno y nos proporciona estrategias para manejar esta habilidad de manera efectiva. A través de técnicas de limpieza y protección energética, los lectores aprenderán a establecer límites saludables y a preservar su bienestar emocional.

Otro tema fascinante que aborda Margarita es la manifestación en el entorno cuántico. Nos muestra cómo nuestros pensamientos y emociones pueden moldear nuestra realidad y nos guía en el proceso de alinear nuestra energía con nuestros deseos más profundos. Mediante ejercicios de visualización y afirmaciones positivas, aprenderemos a atraer abundancia, amor y éxito a nuestras vidas.

Además, Margarita dedica un capítulo completo a la importancia de la autoconfianza y la creencia en uno mismo. Nos enseña a superar las creencias limitantes y los miedos que nos impiden alcanzar nuestro máximo potencial. Con ejemplos inspiradores y consejos prácticos, nos anima a confiar en nuestra intuición y a perseguir nuestros sueños con pasión y determinación.

En estas páginas, el lector también encontrará como abordar las influencias energéticas externas, como la energía colectiva; además de cómo protegernos de energías negativas para mantener una vibración elevada. Margarita nos invita a explorar nuestros verdaderos deseos y a alinear nuestra energía con nuestro propósito de vida.

Este libro es una poderosa herramienta para adentrarnos en el fascinante mundo de la energía y su poder para hacer realidad nuestros sueños. Aprenderemos a sanar nuestro pasado, vivir plenamente el presente y manifestar un futuro lleno de abundancia y felicidad. Si buscas un cambio positivo en tu vida y deseas aprovechar al máximo tu capacidad para emplear el poder de la energía, este libro es una lectura indispensable que no querrás perderte.

Neville Jung

Un Secreto Transformador

Hay un secreto inmenso que solo un pequeño grupo de personas, incluyéndome, conocemos. Si llegaras a descubrir este conocimiento, tu vida daría un giro radical en muy poco tiempo. En este libro, compartiré contigo este secreto de una forma única y novedosa.

Este secreto está íntimamente ligado a tu energía. Pero no me refiero a la vitalidad o la chispa que puedas tener en tu andar. Hablo de aquello que te constituye en esencia. He guiado a más de mil personas para que comprendan cómo opera su energía y cómo ese entendimiento puede transformar su forma de sentir. Cada vez que le enseño esto a alguien, sus ojos brillan como si se encendiera una luz en su mente. Todo comienza a cobrar sentido luego de años de intentar diferentes enfoques sin lograr sentirse mejor o alcanzar sus metas. Con este libro, mi intención es ayudar a más personas que desean sentirse bien pero no saben cómo lograrlo.

Al trabajar con tu energía, puedes transformar tu manera de pensar y de sentir. Incluso puedes sanar dolencias físicas y emocionales. Muchos de mis consultantes han estado tomando antidepresivos o medicamentos para la ansiedad durante años. Luego de trabajar con su energía, han podido reducir las dosis o dejar completamente la medicación. Estoy convencida de que el trabajo energético puede cambiar el rumbo de la salud mental. Otros grandes desafíos en este ámbito son el alcoholismo, la adicción a las drogas y el suicidio. Debemos hacer algo para ayudar a quienes lo necesitan, y la conciencia energética es un buen punto de partida.

Este libro te llevará a entender qué es tu energía y cómo te impacta día a día. Te enseñaré a limpiar y proteger intencionalmente tu energía, para que no permitas que la energía de otros te afecte. Y lo más crucial, compartiré contigo cómo tu energía del pasado sigue generando caos en tu vida actual y cómo ponerle fin. Al concluir este libro, tus ojos estarán abiertos y conocerás el secreto. Y lo que es más valioso, aplicarás lo aprendido de aquí en adelante. Estas sencillas acciones harán que tu vida despegue hacia un lugar que jamás creíste posible. Te sentirás mejor, pensarás con más claridad, respirarás más profundo y no dejarás que los problemas de la vida te afecten como hasta ahora. ¿Estás preparado para aprender el secreto que cambiará tu vida de un modo que nunca imaginaste?

Si es la primera vez que aprendes sobre tu energía, te pido que mantengas una actitud receptiva. Algunas de las lecciones, anécdotas y prácticas que comparto pueden parecer increíbles. Créeme, hay días en que aún me cuestiono si estoy loca, pero mi vivencia y las experiencias de mis consultantes demuestran cada día que esto es real. Si te permites estar abierto, este libro transformará tu vida.

Capítulo 1 - Comprendiendo La Energía

La energía es algo de lo que hablamos constantemente, pero ¿realmente sabes qué es? Seguro has dicho cosas como "no tengo energía para hacer eso" o "estoy tan agotado que no puedo ni levantarme". Sin embargo, hay otro aspecto fundamental de la energía del que nadie suele hablar.

Es probable que hayas escuchado la frase "todos estamos hechos de energía", pero nadie nos enseña cómo utilizar esa energía en beneficio de nuestras vidas. Me encanta hacerme la difícil pregunta: "¿Por qué?". A veces soy como una niña pequeña de 2 años, queriendo entender todo y preguntando: "¿Por qué? ¿Por qué? ¿Por qué?".

En algún punto, empecé a cuestionarme por qué no sé manejar mi propia energía, nutrirla y aprovecharla al máximo, si se supone que todos estamos compuestos de energía. ¿Por qué no me dan esta información esencial para poder cuidarme de la mejor manera, igual que hago con los alimentos que ingiero o los ejercicios que realizo? Nunca antes me había planteado estas interrogantes. Sólo percibía la energía superficialmente hasta que me vi forzada a comprenderla a un nivel más profundo. Ni siquiera era consciente de que podía ocuparme de mi energía hasta que mi vida se desmoronó.

La energía no es sólo algo que poseemos; es lo que somos. Lo abarca todo. Influye en nuestras emociones, pensamientos, cuerpos, vitalidad y vidas cada día, minuto a minuto. No obstante, muchos ni siquiera consideramos nuestra energía. Dedicamos mucho esfuerzo tratando de eliminar pensamientos negativos, emociones indeseadas, bajar de peso y sentirnos mejor. Vamos a terapia, vemos videos, compramos cursos, nos inscribimos en un gimnasio o incluso contratamos a un entrenador personal o un coach para que nos ayude a obtener mejores resultados. Pero no nos tomamos el tiempo de aprender a comprender o utilizar nuestra energía, que es lo único que impacta todo en nuestras vidas. ¿Por qué?

La triste verdad es que no sabemos cómo nuestra energía nos afecta porque nadie nunca nos lo ha enseñado. Es un concepto vago que la gente menciona pero nunca profundiza demasiado. Actualmente, más sanadores energéticos están creando conciencia al respecto. Sin embargo, en realidad no instruyen sobre la energía, sino que realizan el trabajo sanándola por otros. Mi propósito es enseñarte a sanar tu propia energía. A través de mi experiencia ayudando a mis clientes a transformar su energía, específicamente en relación a heridas de la infancia, me preguntan constantemente: "¿Qué es la sanación energética?". Suelo responder: "Es aquello que transformará tu vida".

Comencemos por lo básico. Todos provenimos de una energía universal. Puedes llamarla como quieras; lo maravilloso de la energía es que es ciencia. Muchas personas tienen miedo de trabajar conmigo porque creen que va en contra de su religión. Sin embargo, la energía NO está ligada a la religión; puedes creer en cualquier fe. Eso no cambiará nada de lo que voy a enseñarte, porque todos somos energía. Lo único que te pido es que mantengas una mente abierta y me acompañes a lo largo de este libro. Toma lo que resuene contigo y deja atrás el resto.

Crecí siendo una persona religiosa. Asistí a una escuela católica desde segundo hasta octavo grado e iba a la iglesia semanalmente. Leía la Biblia y amaba los vía crucis. Creía en Dios y le rezaba con frecuencia. Cuando empecé a aprender sobre energía y espiritualidad, muchas cosas no resonaban conmigo. Aun así, no permití que eso me impidiera escuchar todo y decidir en qué quería creer. Sigo creyendo en la Biblia, pero ahora mi Dios es una Fuente Divina. Tengo muchos clientes de todas las religiones, y lo que han aprendido sobre la energía les ha transformado la vida, mientras siguen creyendo en su fe. Quiero dejar muy claro que no estoy intentando convencerte de que abandones tu religión. Simplemente busco ayudarte a comprender tu ciencia.

¿Qué es la energía? Me gusta pensar en ella como una bola de slime; sí, sé que suena asqueroso, pero sígueme. El slime es una mezcla de elementos que se unen para formar un sólido o un líquido, dependiendo de cómo se juegue con él.

Slime: Juguete para niños

A los niños les encanta el slime. A mí no me agrada demasiado porque se mete por todas partes. Si tienes un pequeño amante del slime, sabrás de lo que hablo. Incluso si lo guardas en una bolsa hermética, se derrama. Nuestra energía funciona de manera similar. Es fluida y está en constante movimiento, y si no eres consciente de ella, también irá a todas partes, lo que puede ser muy desastroso para ti. Cosas como depresión, ansiedad, pensamientos suicidas, ira y tristeza pueden afectarte cuando no controlas tu energía.

Juguete de Bola de Slime

Tu cuerpo está dentro de tu campo energético, también conocido como aura. El aura es un campo de energía invisible que rodea a todos los seres vivos. Tu energía irradia a una frecuencia vibratoria, y los distintos niveles de vibración se asocian con diferentes colores. Algunas personas pueden ver auras, pero la mayoría no. Sin embargo, la mayoría sí puede sentir la energía de otra persona. ¿Alguna vez has dicho: "No tengo buenas vibraciones de esa persona" o simplemente has percibido la vibración de alguien? Si la respuesta es sí, entonces has captado la energía de esa persona y su frecuencia vibratoria, también conocidas como vibraciones.

Tu campo energético (aura) se extiende unos 60 a 90 cm fuera de tu cuerpo y está compuesto por siete capas diferentes llamadas planos o cuerpos. Cada plano corresponde a un chakra distinto (hablaremos de los chakras en un próximo capítulo). Estas capas envuelven el cuerpo en forma ovalada, y cada capa representa algo diferente.

PLANO FÍSICO:

Cuerpo etérico: Este plano representa tu salud física y es el más cercano a tu cuerpo.

Cuerpo emocional: Como su nombre indica, este plano está relacionado con tus emociones. Este plano cambiará de color dependiendo de tu estado anímico.

Cuerpo mental: Este plano representa tu forma de pensar, razonar y tu lógica.

PLANO ASTRAL:

Cuerpo astral: Este plano corresponde a tu salud espiritual y tu capacidad de amar.

PLANO ESPIRITUAL:

Cuerpo etérico: Este plano te permite conectarte con otros en temas espirituales. Representa la forma en que te compartes con el mundo.

Cuerpo celeste: En este plano residen tus sueños y tu intuición. También es el plano de la iluminación; alguien con un plano de aura celeste robusto tiende a ser altamente creativo e intuitivo.

Cuerpo causal: El Causal es el último plano del aura. Actúa como una "red" para mantener todos los demás planos armonizados. También te guía en el camino de tu vida.

Tu energía contiene tus pensamientos, sentimientos y emociones, por lo que puede influir en tu forma de pensar y tu estado emocional. Tus pensamientos vinculan tus sentimientos y emociones. Cuando piensas algo, ese pensamiento se filtra a través de experiencias y creencias pasadas, desencadenando así un sentimiento. Una vez que surge un sentimiento, comienza tu reacción física, también conocida como tus emociones.

En una ocasión, realicé una transmisión en vivo en YouTube compartiendo consejos sobre cómo dejar de odiarse y empezar a quererse. Alguien dejó un comentario diciendo: "Busqué la palabra odio y ahora sé que te odio". Cuando leí esto por primera vez, me sorprendió. Lo primero que pensé fue: "¿Dije algo malo?". En cuanto apareció ese pensamiento, recordé todas mis experiencias pasadas de cuando hice algo incorrecto, lo que generó la sensación de no ser suficientemente buena. Ese comentario desencadenó todos los sentimientos de aquellos momentos del pasado y, subconscientemente, me sentí como si volviera a ser una niña, lo que produjo ira en mi interior. Afortunadamente, al ser consciente de que las palabras de esa persona me habían provocado, me di cuenta de que el problema no era lo que yo había dicho. El problema eran los sentimientos del pasado que surgieron a raíz de lo que esa persona expresó.

Desafortunadamente, así es como funciona nuestro cerebro. No hay forma de evitarlo. Sin embargo, podemos cambiarlo rápidamente. Así que no te desanimes. Lo que sucede es que no piensas que estás enfadado o asustado; lo SIENTES. Ese sentimiento es cuando tu energía se está disparando y trae a colación cómo te sentiste muchas veces en el pasado. En mi caso, no me sentía lo suficientemente buena. Así que ese comentario en YouTube no sólo sacó a relucir lo que estaba ocurriendo en ese momento, sino que despertó todos los sentimientos de cuando no me sentía suficiente en toda mi vida. Ser capaz de liberar esa energía para que no te siga provocando es esencial para tener una vida feliz y equilibrada. Tienes que aprender a soltar la energía para que no siga apareciendo y afectándote negativamente en tu día a día.

Muchos no somos conscientes de que nuestra energía nos afecta, más allá del esfuerzo que hacemos a lo largo del día o la cantidad de "combustible" que tenemos para hacer las cosas.

Pero si miráramos más a fondo, veríamos que nuestra energía es mucho más y que influye en todo lo que hacemos: nuestra forma de pensar, sentir y reaccionar. Toda nuestra vida depende de nuestra energía. Sin embargo, nadie nos enseña a ser conscientes de ella y a comprender su frecuencia vibratoria. Bueno, eso está a punto de cambiar.

Hay muchos factores que impactan tu energía. Algunos ejemplos son eventos traumáticos que has vivido, las personas que te rodean, ver televisión o noticias, ir al supermercado, dejar tu campo energético abierto, y muchos más.

Tu energía está en constante movimiento. Tu objetivo es lograr que tu energía se mueva a un ritmo muy calmado, arremolinándose y zumbando (como en la siguiente imagen) pero muy suavemente.

Cuando naces, tu energía generalmente se mueve a ese ritmo tranquilo, excepto en algunos casos en los que se ve afectada en el útero o durante el parto. Cuando pasas por situaciones y traumas, pequeños o grandes, tu energía comienza a verse impactada. Las emociones y la angustia empiezan a mover tu energía a un ritmo muy rápido o muy lento. Por ejemplo, cuando experimentas ansiedad, tu energía se mueve muy rápidamente, y cuando sufres depresión, tu energía se mueve muy, muy despacio.

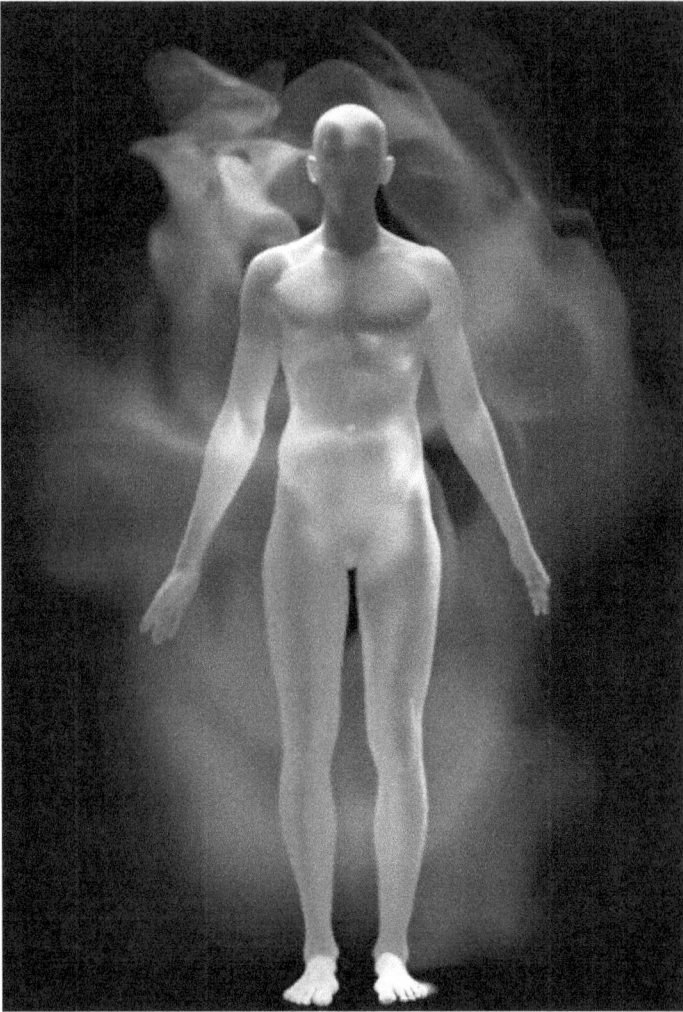

Con el tiempo, tu energía volverá a un ritmo normal. Sin embargo, el problema es que la energía no liberada nunca abandona tu campo energético. Seguramente has escuchado que la energía nunca muere; sólo se transforma. Por lo tanto, cada suceso traumático de tu vida ha provocado que un área de tu energía sea esporádica o agresiva. Recuerda que la energía son tus pensamientos y emociones, así que ahora tienes todas esas emociones que sentiste durante ese trauma atascadas en tu campo energético.

No parece gran cosa, ¿verdad? No, es MUY IMPORTANTE. Cuando atraviesas algo similar al trauma que experimentaste en el pasado, esta energía vuelve a surgir. Por lo general se manifiesta como un arrebato emocional, arremetiendo contra alguien, una crisis nerviosa, ansiedad, o incluso un ataque de pánico. Usualmente, después de vivir esta intensa experiencia, reprimes tus emociones y sigues adelante con tu día sintiéndote avergonzado, culpable o incómodo hasta la próxima vez que algo vuelva a desencadenarte.

Esa energía atrapada te lleva a desencadenarte, lo que hace aflorar todos los pensamientos y emociones del pasado. Esa energía no se ha ido, los sentimientos no se han ido, y eso es un problema grave.

Tu energía afecta tus pensamientos, emociones y bienestar físico. Por lo tanto, si te sientes deprimido, tienes baja autoestima, padeces ansiedad, tienes exceso de peso, atraes personas tóxicas o tienes caos en tu vida, entonces tu energía es la responsable. Ahora es el momento de que aprendas lo que puedes hacer al respecto.

Capítulo 2 - El Poder De Los Empáticos

La energía de las personas que te rodean puede influir en tu propio estado emocional y bienestar. Aunque pueda parecer que tu energía está contenida dentro de tu cuerpo físico, en realidad se extiende más allá, interactuando con los campos energéticos de los demás. Imagina estar en un lugar concurrido, como un vagón de metro lleno de gente durante la hora pico. En esa situación, los campos energéticos de todos se mezclan y se influyen mutuamente, como si fueran una masa de energía interconectada. Una vez que tu energía se fusiona con la de los demás, comienzas a absorber sus pensamientos, emociones y sensaciones, incluso sin conocerlos personalmente.

Ser empático significa tener la capacidad de percibir y absorber la energía de quienes te rodean. Todos los seres humanos poseen esta habilidad en cierta medida, ya que estamos hechos de energía y nuestros campos energéticos trascienden los límites físicos. Sin embargo, el grado de sensibilidad empática varía de persona a persona. Aquellos que son altamente sensibles experimentarán la mayoría o todos los signos característicos de un empático. El nivel de sensibilidad determina cuánto trabajo se requiere para proteger y limpiar la propia energía, evitando absorber constantemente la energía ajena.

Algunos de los signos comunes de ser un empático incluyen sentir una profunda empatía por los demás y un fuerte deseo de ayudarlos a resolver sus problemas. Cuando alguien te confía una experiencia difícil, como la pérdida de un ser querido o un divorcio, puedes sentir sus emociones tan intensamente que te afectan como si fueran tuyas. Además, los pensamientos y sentimientos relacionados con esa persona pueden persistir en tu mente, haciéndote sentir mal por lo que está pasando.

Como empático, es posible que notes que tus emociones fluctúan de manera impredecible. Podrías estar disfrutando de una cena y de repente sentir ganas de llorar, o estar teniendo un buen día y luego enfadarte con tus hijos sin motivo aparente. A veces, puedes experimentar ciertos estados emocionales sin comprender completamente por qué, lo cual puede ser confuso y frustrante.

Otra señal de empatía es sentirse incómodo en lugares concurridos como restaurantes, centros comerciales o conciertos. La alta concentración de energía en estos espacios puede resultar abrumadora, llevándote a evitarlos en la medida de lo posible. Además, es común que las personas se sientan atraídas hacia ti y quieran compartir sus historias de vida, incluso si son completos desconocidos. Esto se debe a que perciben inconscientemente tu receptividad energética.

Debido a la constante absorción de energía ajena, muchos empáticos sienten la necesidad de pasar tiempo a solas para recargarse. Pueden requerir descansos frecuentes, como echarse una siesta, desconectarse de la tecnología o meditar. Sin una adecuada protección energética, los empáticos pueden sentirse agotados después de interactuar con otras personas.

La sensibilidad empática también puede manifestarse como incomodidad alrededor de ciertas personas cuyas vibraciones energéticas son significativamente más bajas o altas que las tuyas. Estar cerca de ellas puede provocar ansiedad, malestar estomacal, palpitaciones o incluso dolores de cabeza.

Además, los empáticos tienen una tendencia natural a sintonizar con la energía de los demás, a veces sin darse cuenta. Esto puede manifestarse en situaciones como pensar en alguien justo antes de que te llame por teléfono, captando inconscientemente su intención energética previa a la llamada.

Los empáticos altamente sensibles no solo experimentan los signos mencionados, sino que absorben la energía ajena con mayor rapidez e intensidad. Suelen sentirse muy agotados a diario, especialmente si no practican técnicas de protección energética. También pueden sufrir migrañas, náuseas y sensibilidad a la luz y los olores debido a la sobrecarga energética. En casos extremos, los empáticos altamente sensibles pueden enfermarse físicamente después de estar cerca de personas tóxicas, como en el caso de una amiga que experimentó náuseas después de una intensa conversación telefónica con alguien que atravesaba un momento difícil.

Para los empáticos altamente sensibles, es crucial protegerse energéticamente varias veces al día y dedicar más tiempo al autocuidado y la recarga. Deben ser muy conscientes de su energía y limpiarla regularmente para evitar la acumulación de energías ajenas.

Desde la infancia, los empáticos pueden sentirse diferentes o incomprendidos. Es posible que hayan escuchado frases como "eres demasiado sensible" o "deja de llorar todo el tiempo", lo que puede hacerles sentir avergonzados por sus emociones. También pueden haber experimentado un fuerte apego a sus padres, no queriendo separarse de ellos debido a la intensa conexión empática.

Si tienes hijos pequeños que muestran signos de empatía, es fundamental que los entiendas y les enseñes a manejar su sensibilidad energética. En lugar de avergonzarlos o burlarte de sus emociones, ayúdales a comprender y cuidar su energía. La vergüenza o las burlas pueden hacerles sentir que hay algo malo en ellos, lo cual puede generar problemas en el futuro.

¿Qué significa para ti ser una persona empática?

Si algunas o la mayoría de estas señales te resultaron familiares, entonces puedes considerarte una persona empática. Tu tarea es determinar si eres muy sensible o no. Así, sabrás cómo cuidar mejor tu energía. Creo que todos somos empáticos ya que todos estamos hechos de energía, pero si la mayoría de estos signos no te resonaron, no pasa nada. Esto puede deberse a dos razones. La primera podría ser que no te des cuenta de que absorbes la energía de otros. Parece algo sencillo de notar, pero te aseguro por experiencia que no lo es. He conocido personas que llevaban años con energía acumulada en su interior y no eran conscientes porque se había vuelto algo normal para ellos. La segunda razón es que quizás estableciste límites energéticos cuando eras joven. Tal vez viviste algo que te asustó y te impidió absorber la energía de otros. Si es así, felicidades, porque a muchos les lleva tiempo darse cuenta y establecer esos límites. No te desanimes todavía. Este libro no trata sólo de ser empático. Las herramientas que aprenderás te enseñarán a manejar tu energía en todas partes, no sólo a protegerte de la energía de otros.

Capítulo: Tu energía del día a día

Como mencionamos anteriormente, es muy fácil absorber la energía de los demás sin darnos cuenta. Por eso, siempre es importante ser consciente de tu propio estado energético, independientemente de si te consideras una persona empática o no. Ser consciente de tu energía implica poder distinguir si lo que estás sintiendo proviene de ti mismo o de alguien más. El primer paso para lograrlo es comprender cuál es tu energía habitual o por defecto, es decir, cómo te sientes en un día normal, qué pensamientos sueles tener y cuáles son tus emociones más comunes.

Por lo general, en un día típico, uno se siente bien, sin extremos de felicidad o tristeza. Te levantas y haces tus actividades diarias sin mayores sobresaltos. Sin embargo, cada persona es única y tu energía por defecto puede ser diferente a la de otros.

Quizás tengas una perspectiva optimista sobre cómo será tu jornada. Te despiertas a tiempo, llegas un poco antes al trabajo y disfrutas de un día agradable, sin altibajos significativos. Si la mayoría de tus días transcurren así, entonces esa es tu energía habitual.

Por otro lado, puede que tu energía por defecto sea distinta al ejemplo anterior. Tal vez despiertas con temor y te cuesta salir de la cama debido a pensamientos negativos que te invaden. Pasas el día triste, enojado o irritable. Si así es como te sientes generalmente, esa será tu energía habitual. No hay nada bueno ni malo en ello, simplemente es tu punto de partida. Pero si sueles sentirte así, sigue leyendo, porque las cosas están por mejorar. Con las herramientas que compartiremos en este libro, podrás transformar tu energía por defecto.

Detectando la energía de otros en ti

Conocer tu energía habitual es fundamental para poder identificar cuándo has absorbido la energía de alguien más. Recuerda que la energía influye en tus pensamientos, sentimientos y emociones. Si has tomado la energía de otra persona, comenzarás a pensar y sentir de manera diferente. Si de repente, durante el día, experimentas un cambio drástico en cómo te sientes o en lo que piensas, sin que haya ocurrido nada externo que lo explique, lo más probable es que hayas absorbido la energía de otro.

Una pregunta sencilla que puedes hacerte para determinar si tienes la energía de alguien más es: "¿Sé por qué me siento así?".

Si te sorprendes diciendo: "No sé por qué me siento de este modo", usualmente significa que has tomado la energía de otra persona.

Habrá ocasiones en las que entenderás claramente el motivo del cambio en tu energía habitual, como pérdidas de seres queridos, rupturas, traumas, eventos positivos, celebraciones, ascensos laborales, etc. Será evidente por qué te sientes distinto. Algo sucedió que modificó tu energía y la hizo vibrar en una frecuencia diferente. Este cambio es comprensible.

Pero cuando no ha pasado nada inusual y aun así no te sientes como tú mismo, es señal de que has absorbido la energía de alguien más. Ser consciente de este cambio es crucial para mantener tu bienestar y disfrutar de una vida plena. Una clienta alguna vez me comentó:

"Antes de conocer mi energía por defecto, no tenía idea de lo increíble que podía sentirme. Siempre estaba agotada, lloraba por todo, incluso sin motivos para estar sensible. Sufría de fuertes dolores de cabeza y mucha tensión corporal. No sabía que era una persona altamente empática hasta que aprendí sobre mi energía habitual y las técnicas para limpiarla y protegerme. Cada mañana y noche, purifico mi energía y mi habitación con salvia. A veces, elijo hacerlo con Reiki. También protejo mi campo áurico visualizando una luz blanca. Hago esto varias veces al día, sólo toma unos instantes imaginarme brillando tanto que aleja toda energía negativa. (¡Eso lo aprendí de ti!) Ahora que conozco mi energía por defecto, soy más consciente de cuando he absorbido una energía o emoción que no es mía. Estoy tan agradecida de haber sido guiada hacia tus enseñanzas para aprender sobre la sanación de mi mente, cuerpo y espíritu, y cómo proteger mi energía para mantenerme en esa alta vibración que me permite sentir libertad."

Recuerda, si te descubres pensando: "No sé por qué me siento así", probablemente no sean tus propios sentimientos o emociones. Esta percepción te indica que podrías estar experimentando la energía de otra persona.

Cuando alguien piensa en ti

La energía trasciende el tiempo y el espacio. Está presente en todo momento y lugar, y puede ser enviada o conectada en un instante de pensamiento. Esta cualidad de la energía me permite realizar la mayoría de mis sanaciones a distancia; no necesito estar físicamente con alguien para conectar con su energía. Tal vez hayas vivido esta conexión remota cuando pensaste en una persona y, de inmediato, recibiste su llamada telefónica. Lo que sucede en esos casos es que la energía de esa persona se conectó con la tuya en el momento en que pensó en contactarte. Esta conexión energética dura apenas una fracción de segundo.

Nunca olvidaré cuando estaba sentada frente al televisor y comencé a llorar desconsoladamente. No entendía por qué me sentía así, incluso tuve que cancelar citas con clientes durante dos días debido a la intensidad de esas emociones. No era consciente de que tenía la energía de alguien más hasta que me pregunté: "No sé por qué estoy llorando todo el día. No hay razón para sentirme tan deprimida". Nada había cambiado drásticamente en mi vida en los últimos días. Sin embargo, tenía todos estos pensamientos y no podía dejar de llorar. Empecé a cuestionarme: "¿Por qué pienso estas cosas? ¿Por qué lloro constantemente? ¿Por qué me siento así?". No tenía respuestas, y en ese momento me di cuenta de que no eran mis emociones, ni mis sentimientos, ni mis pensamientos.

Al día siguiente, mientras estaba en el consultorio médico, miré mi teléfono y vi un mensaje de alguien con quien no había tenido contacto en más de un año. Esta persona me hacía preguntas sobre la depresión y me contaba que había estado llorando durante las últimas semanas. Le pregunté cuánto tiempo llevaba pensando en contactarme y me dijo que una semana. De inmediato, mi estado emocional de los días previos cobró sentido. Como había estado considerando pedir ayuda, me envió su energía sin querer. Yo estaba sintiendo su energía, no la mía. Después de nuestra conversación, pude limpiar mi energía de inmediato y dejé de experimentar esas emociones depresivas. Es importante recordar que no es necesario estar en presencia física de alguien para absorber su energía. Puedes tomar la energía de una persona simplemente porque está pensando en ti.

Enemistades

Si hay alguien en tu vida que piensa en ti de manera negativa por celos o aversión personal, puedes comenzar a sentir su energía porque está constantemente enfocada en ti. Podrías empezar a pensar en esa persona todo el tiempo aunque no quieras, debido a que estás percibiendo su energía negativa hacia ti. Incluso podrías sentir mucho enojo hacia ella.

Una vez me sucedió algo similar con mi ex esposo. Los niños habían regresado de pasar una noche con él y, de repente, me sentí furiosa con él. Decía cosas malas sobre él y no podía sacármelo de la mente. Recuerdo haberme preguntado: "¿Por qué siento que lo odio?". En ese momento, habíamos tenido un largo periodo sin discusiones y todo parecía estar bien. Estaba desconcertada hasta que, un par de horas más tarde, recibí un mensaje de texto desagradable de su parte. Estaba enojado porque mis planes previos impedían que los niños asistieran a un evento familiar el siguiente fin de semana. Estaba tan molesto como yo lo había estado horas antes, y todo tuvo sentido para mí. La ira y el enojo que yo sentía eran su enfado proyectado hacia mí porque sus planes tuvieron que modificarse.

Lo mismo ocurre con clientes que han pasado por relaciones tóxicas. Cuando acuden a mí, tienen el problema de pensar en su ex pareja constantemente. Incluso después de realizar una sanación, parece que no pueden sacarla de su mente. Entonces debo recordarles que limpien su energía, porque no son ellos quienes están pensando en su ex, sino su ex quien está pensando en ellos. Por lo general, reciben una llamada o mensaje de su ex pocos días después.

Es fundamental ser capaz de identificar tu energía habitual para reconocer cuándo ocurre un cambio energético inusual. Si no eres consciente de ello, la energía que estás absorbiendo puede permanecer contigo durante mucho tiempo y generar confusión, emociones no deseadas y caos en tu vida. Pero no te preocupes, puedes eliminar esa energía en cuestión de minutos. En el próximo capítulo, exploraremos cómo limpiar tu energía.

Capítulo 3 - Técnicas De Limpieza Y Protección Energética

Purificar tu energía es esencial para tu bienestar. Cuando absorbes los pensamientos, sentimientos o emociones de otros, no percibes auténticamente los tuyos propios. Para comprender exactamente cómo te sientes, necesitas reconectar con tu propia energía y trabajar con ella.

La energía que has absorbido de los demás puede permanecer en ti hasta que la limpies. He asistido a personas que han cargado con la energía de alguien durante años. El nivel de limpieza requerido dependerá del tiempo que la energía ajena haya estado adherida a ti.

Energía de Alta Vibración

No toda la energía de otros es negativa. También podemos absorber energía de alta vibración de alguien. ¿Alguna vez te has sentido decaído, quizás un poco apagado, y al estar cerca de una persona feliz, simplemente con su presencia, tu estado de ánimo comenzó a mejorar? Ese es un ejemplo de absorber la energía positiva de alguien.

Energía de baja vibración

La energía de baja vibración es la que debemos tener en cuenta. También se la conoce como "energía oscura". Este tipo de energía te afectará negativamente. Tiene una frecuencia muy baja y se adhiere fácilmente a energías de vibración más alta. La energía oscura siempre busca luz y se siente atraída por energías de mayor vibración. Esta energía se considera "oscura" porque está estancada en una frecuencia baja. Algunas de las emociones en esta baja vibración son la ira, el miedo, la tristeza y la vergüenza. Por lo tanto, si absorbes este tipo de energía, querrás liberarte de ella de inmediato.

Limpiar tu energía (Nivel 1)

Este nivel de limpieza energética se refiere a las prácticas diarias que deseas incorporar. Estas prácticas son para la energía que podrías haber absorbido mientras estabas en el trabajo, en el gimnasio, en la tienda, etc. Esta energía no ha permanecido en tu campo energético por más de unas horas. Después de hacer una limpieza inicial, debes realizar las prácticas del nivel 1 todos los días para mantener tu energía pura y clara. Hay muchas formas de limpiar tu energía, pero las siguientes opciones son algunas de mis favoritas.

Quemar salvia

La quema de la hierba salvia es muy común para limpiar energías negativas no deseadas. Los nativos americanos han utilizado la salvia durante siglos en sus rituales espirituales para purificar personas y espacios, y liberar energía con propósitos sanadores. La quema de salvia también se conoce como sahumerio. Puedes adquirir salvia en ramitas, también llamadas manojos, o en hojas sueltas. Yo prefiero las hojas sueltas. Las coloco en un frasco de vidrio con tapa para detener el humo cuando termino de usarla. Hay muchas variedades diferentes de salvia. La salvia blanca es la más común, pero puedes explorar las distintas opciones y ver cuál te agrada más. También puedes quemar Palo Santo, una madera, aunque no se quema tan fácilmente como la salvia.

Para hacer una limpieza con salvia, enciende la hierba, comienza por la cabeza y haz círculos en sentido antihorario bajando por el cuerpo hasta los pies. Puedes realizar estos movimientos tantas veces como desees. Yo suelo hacerlo durante unos 2-3 minutos. Asegúrate de limpiar las axilas, entre las piernas y debajo de los pies.

Ten en cuenta que si tienes problemas pulmonares, consulta a un médico antes de quemar salvia y toma las precauciones adecuadas. Casi hice saltar la alarma de incendios cuando quemaba salvia en mi apartamento; por eso recomiendo usar un frasco de vidrio con tapa. Si quemar salvia no es una opción para ti, existe un spray de salvia que puedes adquirir.

Cristales

Usar selenita es una excelente forma de limpiar tu energía. Yo sugeriría utilizar esta opción junto con la práctica de la salvia mencionada anteriormente. Toma una varita de selenita o cualquier pieza de selenita que tengas y sumérgela en el humo. Sostén la selenita con ambas manos y di: "Invoco a la energía más elevada de amor y luz para que limpie y libere cualquier energía no deseada que no sea mía".

Luego, toma la selenita y muévela alrededor de tu cuerpo, visualizando que cualquier energía negativa abandona tu campo energético. Puedes hacer esto tantas veces como desees, hasta que sientas que la energía se eleva, o con 3 o 4 veces será suficiente.

Sé que estas prácticas pueden parecer descabelladas, especialmente viniendo de una ex contable, pero créeme, funcionan. En ese sentido, permíteme hacerte una pregunta: ¿qué tienes que perder al intentarlo?

Respiración

Para eliminar energías negativas no deseadas, puedes sentarte en silencio con los ojos cerrados e inhalar y exhalar profundamente. Existen diferentes técnicas de respiración, como la respiración cuadrada, donde inhalas contando hasta 4, retienes la respiración contando hasta 4, exhalas contando hasta 4 y mantienes los pulmones vacíos contando hasta 4. También puedes explorar otras técnicas, pero la respiración cuadrada te servirá. La respiración es excelente para combinar con la quema de salvia. Al mismo tiempo, visualiza que cualquier energía negativa abandona tu campo energético.

Ducha/Limpieza con agua

Cada vez que te duches, imagina que cualquier energía negativa se desprende de tu cuerpo y se va por el desagüe. El agua es muy purificadora; incluso puedes hacer esto durante el día cuando te laves las manos. Tus manos son una poderosa herramienta energética, por lo que mantenerlas limpias también puede ser beneficioso.

Meditación

La meditación es una herramienta poderosa para trabajar con la energía. Aquí te comparto una meditación sencilla que realizo con mis clientes para limpiar su energía.

Para hacer esta meditación, siéntate en silencio con los ojos cerrados, inhala profundamente y exhala. Luego, visualiza una hermosa luz blanca en la parte superior de tu cabeza. Ahora, imagina que esa hermosa luz comienza a descender lentamente hacia tu cabeza, llenando tus pensamientos con esta hermosa luz blanca. Luego, se mueve hacia abajo, hacia tu cuello, tus hombros, y continúa descendiendo por tus brazos hasta la punta de tus dedos. Sigue hacia el corazón, baja hasta el estómago, recorre las piernas y llega hasta la punta de los dedos de los pies. A medida que la luz se desplaza por tu cuerpo, transmuta cualquier energía negativa en energía positiva y hermosa.

Esta meditación dura solo unos 5 minutos y también puede calmarte cuando te sientas desencadenado o experimentes un ataque de pánico o ansiedad.

Limpiar tu energía (Nivel 2)

Ahora que sabes qué debes hacer a diario, las técnicas del Nivel 2 te ayudarán a limpiar la energía que las prácticas diarias no pudieron eliminar. Aquí elevamos el nivel para limpiar la energía que aún está estancada en ti. Si has intentado todo lo del Nivel 1 y aún no sientes que estás en tu energía predeterminada, estas técnicas deberían ayudarte.

Llama a tu energía para que regrese a ti

Después de trabajar con energía durante algunos años, me he dado cuenta de que no se trata solo de la energía que tienes encima, sino también de tu energía disminuida. A veces, tu energía ha sido absorbida por tanta gente que te sientes agotado y perezoso porque no te queda nada. Utiliza esta técnica para recuperar tu energía mientras te desprendes de cualquier energía no deseada.

Primero, cierra los ojos, inhala profundamente y suelta el aire. Luego, en la siguiente inhalación, imagina que atraes toda tu energía desde donde sea que esté "ahí fuera" y, al exhalar, expúlsala con fuerza e imagina que cualquier energía negativa se libera de tu cuerpo. Repite esto cinco veces más. Si deseas intensificarlo, visualiza una luz blanca dorada de energía que viene hacia ti cuando inhalas y una energía gris oscura o negra que sale de tu boca cuando exhalas.

Frecuencias

Las frecuencias Solfeggio son frecuencias sonoras utilizadas con fines curativos. Estas frecuencias son tonos específicos que se remontan a la antigüedad, utilizados en el cristianismo occidental y en las religiones indias orientales. Se creía que estas frecuencias influían en la mente subconsciente para promover la curación. Las frecuencias se miden en hercios, también conocidos como Hz. La frecuencia específica utilizada para limpiar la energía negativa es 417Hz. Puedes encontrar estas frecuencias en todo internet. Yo suelo poner estas frecuencias por la noche mientras duermo para limpiar mi energía.

Puedes encontrar mucha música con estas características haciendo una búsqueda en YouTube con los términos "Music Solfeggio Deep Sleep 417"

Meditación para Cortar Ataduras

Cierra los ojos e imagina que esta persona y tú tienen una cuerda atada a sus corazones. Un extremo de la cuerda está conectado a tu corazón y el otro extremo al suyo. Ahora, imagina que esta persona se aleja de ti, alejándose cada vez más. Finalmente, ves que la cuerda se está tensando. En este punto, dite a ti mismo: "Invoco al Arcángel Miguel (el Arcángel de la Protección) para que me ayude a cortar esta cuerda". Si no crees en los arcángeles, entonces elige a alguien que consideres un poder superior. Luego, imagina que él toma su espada y la blande, cortando la cuerda por la mitad. Visualiza que la otra persona se aleja cada vez más, haciéndose cada vez más pequeña hasta que ya no puedas verla. Entonces, imagina que tomas la cuerda conectada a tu corazón y comienzas a tirar de ella hacia ti, cada vez más rápido, hasta que llegas al final de la cuerda. Inhala y exhala profundamente y abre los ojos cuando estés listo. Esta meditación corta la conexión energética que tienes con esa persona.

Recomiendo hacer este corte de cuerda también con familiares, amigos e hijos. Si te sientes demasiado responsable o apegado a alguien, entonces cortar los lazos es una excelente manera de recuperar tu energía. Incluso con los niños, no estás quitando tu amor, sino separando tu energía, para que puedas sentir solo tu propia energía. Será lo mejor para todos los involucrados, para que dejen de tomar la energía del otro.

Limpiar tu energía (Nivel 3)

Si has probado los niveles 1 y 2 y aún no te sientes con tu energía predeterminada, entonces necesitarás el nivel 3 de limpieza. Estas prácticas de limpieza son de alto nivel y las uso para casos extremos cuando no puedo quitarme la energía de encima.

Respiración en la ducha

Esta técnica implica realizar una limpieza energética mientras te duchas. Es importante tener precaución, ya que puede provocar mareos e incluso desmayos, especialmente si padeces alguna condición médica que aumente estos riesgos. Asegúrate de regular la temperatura del agua para minimizar las posibilidades de un desvanecimiento. Si esta práctica te genera temor, no dudes en pasar a la siguiente.

Durante la ducha, cierra los ojos e inhala profundamente. Al exhalar, empuja con todas tus fuerzas, y simultáneamente, utiliza tus manos para visualizar cómo esta energía se aleja de ti. Repite este proceso alrededor de diez veces.

Purificación energética con un sanador

Si ya has explorado todas las técnicas previas o buscas la manera más sencilla y veloz de purificar tu energía, te sugiero acudir a un sanador energético que ofrezca específicamente servicios de limpieza. En ocasiones, la energía puede ser demasiado oscura o haber permanecido contigo durante un tiempo prolongado, y solo un sanador energético tendrá la capacidad de liberarla de tu ser. Incluso he asistido a individuos en la eliminación de energías que los han acompañado a lo largo de toda su existencia. Compartiré esa experiencia contigo en el próximo capítulo.

Ciertos sanadores y videntes podrían afirmar que tienes un apego negativo o una entidad adherida a ti con el mero propósito de infundirte miedo y cobrarte una suma exorbitante para eliminarla. Esas personas son estafadores que buscan atemorizarte para obtener tu dinero. Cerciórate siempre de que el sanador cuente con referencias sólidas. Espero haberte enseñado la importancia crucial de confiar en tu propia energía. Si vas a colaborar con alguien y percibes malas vibraciones, detén la sesión de inmediato.

Proteger tu energía

Limpiar tu energía no es suficiente; también debes protegerla. A diario interactúas con personas de baja vibración, y si tu energía no está resguardada, es probable que absorbas energías indeseadas. Es similar a salir a la calle en un día lluvioso sin paraguas; las probabilidades de mojarte son altas. Lo mismo sucede con tu energía.

Si anteriormente te identificaste con ser una persona empática, esto cobra especial relevancia para ti. No querrás estar constantemente absorbiendo la energía de los demás, lo cual puede dejarte sintiéndote letárgico, exhausto, emocional y confundido.

Mi clienta N me relató cómo proteger su energía transformó su vida. Expresó: "Durante años sentí que era bipolar, que sufría de depresión severa o ansiedad intensa. Había estado absorbiendo energía negativa de mi familia mientras crecía y de mis clientes. Ahora me protejo diariamente con luz blanca y energía positiva. También purifico mi energía cada día. Lo hago durante mi jornada laboral si mi energía se desequilibra. Ahora tengo control sobre mis estados de ánimo. Ya no tomo medicamentos para mis emociones. Ahora comprendo cuáles son mis propias emociones y cuáles pertenecen a otros. Aprender a proteger y limpiar mi energía ha transformado mi vida".

Vampiros energéticos

Existen ciertas personas de las cuales es fundamental protegerse. Estas personas son conocidas como vampiros energéticos. Te drenan la energía. Puedes reconocerlos como aquellos que se quejan constantemente y te exponen todos sus problemas cuando los ves. No tienen intención de escuchar ni de actuar para recibir la ayuda que necesitan. Estas personas desean ser escuchadas y validadas, pero no quieren ayuda. Por lo general, buscan bajarte a su vibración inferior. Esto ejemplifica el dicho "La miseria ama la compañía". Por favor, mantente alejado de estas personas tanto como puedas, o establece límites muy firmes con ellas.

Personas temerosas

Una persona temerosa es otro tipo de individuo del cual debes protegerte. Estas personas no pretenden dañar a los demás. Simplemente intentan mantenerte a salvo proyectando sus miedos en ti. Rápidamente te dirán por qué debes tener cuidado o te harán dudar de tus decisiones o pensamientos. Como empático, aunque sepas que lo que dicen no es cierto o que no te asusta, es posible que captes su energía temerosa. De repente, algo que antes no te molestaba ni te asustaba puede empezar a afectarte. Como resultado, tu energía y tu vida pueden verse drásticamente impactadas. Nuevamente, establece límites firmes con estas personas, pídeles que no compartan lo que piensan. Recuerda que su energía puede afectarte incluso sin que te cuenten sus miedos. Por eso es tan importante la protección.

Protección

Los jugadores de fútbol americano usan una gran cantidad de protección porque las probabilidades de que los golpeen en el campo son altas. Lo mismo ocurre con tu energía; necesitas crear una capa de protección para evitar que la energía de los demás penetre en tu campo energético. Sin protección, eres vulnerable a captar la energía de otras personas, lo que puede afectar tu vida diaria.

Aquí te presento algunas formas de proteger tu energía:

Cristales

El uso de cristales es muy popular para proteger tu energía. Algunos cristales se utilizan específicamente para proteger tu energía contra las vibraciones negativas. Ejemplos de estos cristales son:

Turmalina Negra

Conocida por proteger de ataques psíquicos y pensamientos no deseados. También es una piedra de conexión a tierra.

Obsidiana

Te protege de la negatividad absorbiendo las malas vibraciones como una esponja. Esta piedra debe limpiarse a menudo.

Hematita

La hematita es una piedra de conexión a tierra, que te permite anclar tu energía y protegerte de la negatividad.

Estos son sólo algunos cristales que recomiendo, pero hay muchos más que puedes usar para protegerte. Te sugiero que visites una tienda metafísica y explores lo que te atrae. También recomiendo llevar estos cristales siempre contigo; los hombres pueden llevarlos en el bolsillo, a las mujeres les gusta llevarlos en el sujetador. También puedes usarlos como joyas. Me gusta limpiar mis cristales bajo la luna llena. Investiga cómo limpiar tus cristales. Cada cristal es diferente y puede dañarse si no se limpia correctamente.

Conexión a tierra

La conexión a tierra es otra forma de protección. Conectarse a tierra significa anclarse a la tierra. No implica necesariamente que tengas que estar en exteriores. Puedes conectarte a tierra mediante la visualización. El poder de tu mente es inmenso. Tu cerebro no distingue entre lo real y lo imaginario, así que piensa que lo que estás visualizando está sucediendo realmente.

Una rápida visualización de conexión a tierra:

Inhala y exhala profundamente varias veces.

Luego imagina que tus pies están plantados en el suelo, en la tierra.

Visualiza que tus pies se transforman en raíces. A medida que crecen, comienzan a clavarse en la tierra.

Imagina que siguen extendiéndose cada vez más y que, a medida que cavan, encuentran otras raíces bajo tierra y empiezan a envolverlas.

Continúa respirando profundamente a través de esta visualización.

Repite estas palabras en tu mente "Estoy a salvo, estoy protegido".

Hazlo varias veces y luego abre los ojos.

Sentirte conectado a la tierra protege tu energía porque la alta vibración de la Madre Tierra te resguarda. Además, el hecho de estar conectado a tierra no te bloquea de las habilidades psíquicas. De hecho, es todo lo contrario: ¡necesitamos conectarnos a tierra para elevarnos!

Intención

La intención por sí sola puede protegerte. Si cada día estableces la intención de que estás protegido, estarás protegido. Yo redoblaría la intención cuando sepas que vas a estar cerca de personas que son vampiros energéticos o temerosas. Establece la intención nuevamente antes de entrar en contacto con ellos, aunque sea por teléfono, correo electrónico o redes sociales.

El espejo

Esta es otra forma de visualización de la protección. Puedes hacerlo a diario, pero lo más importante es que lo visualices cuando haya gente negativa a tu alrededor, especialmente aquellas personas narcisistas y manipuladoras. Mantén tus ojos abiertos para esta visualización. Imagina que tienes múltiples espejos alrededor de tu cuerpo, y que están reflejando la energía negativa de la persona que te rodea, directamente hacia ellos. Si te gritan, te menosprecian o simplemente tienen una vibración muy baja, imagina que su energía rebota en este espejo y se la devuelves. Esta visualización es una de mis técnicas favoritas cuando estoy cerca de personas tóxicas. Mantiene su energía alejada de mí.

Burbuja de protección

Con este método, imagina que estás en una burbuja de hermosa luz blanca y que esta luz blanca te protege, manteniendo todo lo negativo fuera de la burbuja. Respira profundamente mientras imaginas esta burbuja de protección.

Brilla como el Sol

Este es mi método favorito de protección. Mis guías espirituales me llamaron la atención sobre este método cuando impartí un curso sobre cómo liberar la energía de otras personas. Este método consiste en elevar tu vibración tan alto que ninguna energía negativa pueda penetrar tu energía. Tomemos el sol como ejemplo; brilla tanto que ni siquiera podemos mirarlo. Este método tiene el mismo concepto. Cuando brillas tanto, en otras palabras, elevas tu vibración, la energía negativa no puede adherirse porque la convertirás en energía positiva antes de que llegue a tu campo energético. ¡Así que brilla como el sol y siempre estarás protegido!

Capítulo 4 - Manifestación En El Entorno Cuántico

Vivimos en un universo lleno de posibilidades infinitas, donde la realidad que experimentamos es solo una fracción de lo que existe. La manifestación cuántica nos permite acceder a estas realidades alternativas y crear la vida que anhelamos. Este proceso, lejos de ser mágico o imposible, se basa en principios científicos y en nuestra capacidad para influir en el mundo que nos rodea.

Para manifestar cuánticamente, es fundamental comprender que todo en el universo está compuesto de energía en constante vibración. Nuestros pensamientos, emociones y acciones emiten frecuencias que atraen experiencias similares. Al alinear nuestra energía con lo que deseamos, creamos un puente hacia esa realidad.

El primer paso para manifestar es tener claridad absoluta sobre lo que quieres. Tómate el tiempo para reflexionar profundamente sobre tus deseos en diferentes áreas de tu vida: relaciones, carrera, salud, finanzas. Visualiza con detalle cómo sería tu vida ideal y escríbelo. Esta práctica no solo te ayuda a definir tus metas, sino que también comienza a alinear tu energía con ellas.

Recuerda que todas las posibilidades existen simultáneamente en el campo cuántico. Tu tarea es elegir conscientemente la realidad que deseas experimentar y mantener tu enfoque en ella. Esto puede ser desafiante, especialmente cuando las circunstancias actuales o las opiniones de otros parecen contradecir tus deseos. Sin embargo, la clave está en mantener la fe y la convicción en tu visión.

En mi experiencia asesorando a personas en este proceso, he visto transformaciones asombrosas. Una cliente, por ejemplo, logró liberarse de una deuda fiscal aparentemente imposible de resolver, simplemente manteniendo la convicción de que existía una solución favorable, a pesar de las opiniones contrarias de expertos legales.

Para elevar tu frecuencia vibratoria y alinearte con tus deseos, practica la gratitud diariamente, medita para conectar con tu yo interior y visualiza vívidamente tu realidad deseada como si ya estuviera ocurriendo. Estas prácticas te ayudarán a sintonizar con la energía de lo que quieres manifestar.

Es importante entender que la manifestación cuántica no se trata de forzar resultados, sino de alinearte con la versión de la realidad que deseas experimentar. Confía en el proceso y mantén una actitud de apertura y receptividad.

Eres el arquitecto de tu realidad. Cada pensamiento, cada emoción y cada acción contribuyen a la creación de tu experiencia de vida. Al comprender y aplicar estos principios, puedes comenzar a manifestar conscientemente la vida que siempre has soñado. La clave está en la consistencia y la paciencia. No te desanimes si los resultados no son inmediatos. Continúa enfocándote en tus deseos, mantén una vibración elevada y estate atento a las oportunidades que se presenten. A menudo, la manifestación ocurre de maneras inesperadas y maravillosas.

Capítulo 5 - Creer en ti

Muchos creen erróneamente que la clave del éxito y la felicidad radica en ser extrovertido desde la cuna. Pero, ¿es esto realmente así? ¿Acaso las personas introvertidas están destinadas a una vida mediocre y frustrante? La respuesta es un rotundo no.

Aunque algunas personas parecen irradiar seguridad y extroversión de forma natural desde pequeños, es crucial entender que ser extrovertido no equivale a tener una autoconfianza a prueba de balas. Asimismo, mostrar rasgos introvertidos en la infancia no significa necesariamente carecer de autoestima o valor personal.

Estudios recientes en psicología y desarrollo humano cuestionan estas ideas simplistas. Las investigaciones apuntan a que nuestras vivencias tempranas y el ambiente en el que crecemos son determinantes en el desarrollo de nuestra personalidad y autoconfianza.

Incluso un niño muy extrovertido puede volverse un adulto introvertido si al crecer aprende que expresar abiertamente sus emociones y pensamientos genuinos no es seguro o aceptable. Este cambio drástico en la personalidad puede ser fruto de adaptaciones inconscientes al entorno, lo que evidencia que la confianza en uno mismo no es una característica fija, sino una cualidad dinámica que puede evolucionar a lo largo de la vida.

Por otra parte, cabe preguntarse: ¿Nacemos con seguridad en nosotros mismos? A pesar de las diferencias individuales en la personalidad, como tender a ser más extrovertido o introvertido, no siempre hay una correlación directa entre estos rasgos y el nivel de autoconfianza. Tanto extrovertidos como introvertidos pueden tener una profunda y sólida creencia en sus capacidades, lo cual es clave para una autoestima saludable y una confianza inquebrantable en uno mismo.

Es fundamental entender que la seguridad en uno mismo no es algo con lo que se nace automáticamente. Por el contrario, se forja poco a poco a través de las experiencias de vida y las creencias que vamos interiorizando sobre nosotros mismos. Acumular creencias limitantes y negativas sobre tus capacidades puede erosionar significativamente tu autoconfianza, a menos que decidas conscientemente desafiar y transformar estos patrones de pensamiento de auto sabotaje.

El primer paso para tomar el control de tu autoconfianza es darte cuenta de que tienes el poder innato de cambiar la percepción que tienes de ti mismo. A lo largo de este libro, compartiré contigo estrategias efectivas y probadas para fortalecer y elevar tu autoconfianza exponencialmente. La clave está en atreverte a actuar, desafiar tus límites autoimpuestos y abrazar tu grandeza interior.

No pasa nada por dudar

Permíteme preguntarte: ¿Confías plenamente en ti mismo y en tus habilidades? Si tu respuesta es un "no" rotundo o incluso un dubitativo "no estoy seguro", no te preocupes, no estás solo.

Hay indicadores claros de una autoconfianza sólida, como expresarse libremente sin miedo al juicio ajeno, probar cosas nuevas, asumir riesgos calculados o actuar con determinación sin paralizarse por la opinión de los demás. El diccionario Webster define la confianza como "la ausencia de duda sobre las propias capacidades", lo que captura perfectamente la esencia de este concepto. Pero si albergas dudas persistentes sobre ti mismo y tus talentos únicos, esa incertidumbre se convierte inevitablemente en tu realidad, moldeando y limitando la vida que llevas.

Para determinar si una baja autoconfianza está obstaculizando tu progreso y felicidad, presta atención a esa voz interna crítica y destructiva que surge cuando te planteas perseguir nuevas oportunidades o asumir desafíos emocionantes. Si notas que esta voz crítica y de auto sabotaje te paraliza e impide dar el salto hacia tus sueños, es una clara señal de que necesitas fortalecer tu autoconfianza prioritariamente.

Si te sientes insatisfecho con tu vida actual y no alcanzas las metas que te has propuesto, es muy probable que la falta de confianza en ti mismo sea la raíz del problema. Esto también es cierto si tiendes a procrastinar constantemente o si crees que no tienes el poder de mejorar tu situación. Ten presente que aquello que consideras verdadero sobre ti mismo se convierte en tu realidad, pero la buena noticia es que tienes la capacidad de cambiar estas creencias limitantes y abrazar una visión más expansiva y empoderadora de ti mismo.

Otro indicador revelador de una baja autoconfianza es el temido síndrome del impostor. ¿Te has sentido alguna vez como un fraude, a pesar de tus logros y habilidades evidentes?

Cuando otras personas te elogian y reconocen tus talentos, puede resultarte difícil internalizar y creer genuinamente en la veracidad de sus palabras. Aunque recibir cumplidos y reconocimiento externo puede hacerte sentir bien momentáneamente, si en el fondo no crees en ti mismo, estos halagos solo servirán para alimentar la sensación de que eres un impostor, alguien que está engañando a los demás.

Esto se debe a que, en lo más profundo de tu ser, sientes que no eres realmente la persona capaz y valiosa que los demás perciben, incluso cuando ellos sí son capaces de ver y apreciar tus cualidades únicas.

Es importante reconocer que sentirse como un impostor es, paradójicamente, un indicador de que estás creciendo y evolucionando a nivel personal. A medida que te aventuras fuera de tu zona de confort y enfrentas nuevos desafíos, es natural que surja cierta incomodidad y cuestionamiento interno. El crecimiento personal requiere de introspección profunda, y al examinarte a ti mismo con honestidad, es probable que te encuentres con aspectos de tu ser que consideras imperfectos o incluso inaceptables. Pero quiero que sepas que esto es completamente normal y forma parte integral del proceso de expansión y desarrollo personal.

Estas supuestas "imperfecciones" que percibes en ti mismo son simplemente un reflejo de tu humanidad. La realidad es que siempre habrá aspectos de ti mismo que no sean perfectos según tus estándares autoimpuestos, pero lo más probable es que estés siendo demasiado crítico y exigente contigo mismo. Quizás ha llegado el momento de abrazar la idea de que eres "perfectamente imperfecto", con todas tus fortalezas y debilidades, y que eso es precisamente lo que te hace único y especial.

La imagen de ti mismo

No hay nadie que nazca con autoestima y confianza en sí mismo elevadas; no te consideres equivocado ni débil si careces de estas cualidades. Probablemente esto indique que, de niño, no recibiste el apoyo necesario para desarrollar una sólida autoestima y una confianza inquebrantable en ti mismo. Sin embargo, no te desanimes, porque esto también tiene solución. Con el enfoque y las estrategias adecuadas, puedes transformar tu percepción de ti mismo y alcanzar niveles extraordinarios de autoestima y confianza.

Muhammad Ali, el legendario campeón de boxeo, dijo una vez: "Para ser un gran campeón, tienes que creer que eres el mejor. Si no lo crees, actúa como si lo fueras". Esta poderosa declaración encierra una gran verdad: la forma en que te percibes a ti mismo tiene un impacto profundo en tu desempeño y en tu capacidad para alcanzar tus metas. Incluso si actualmente no te sientes el mejor en lo que haces, adoptar la actitud y el comportamiento de alguien que sí lo es puede transformar gradualmente tu realidad interna.

La imagen que tienes de ti mismo reside en lo más profundo de tu subconsciente. Esto es relevante porque nuestro cerebro tiende a buscar en el pasado para interpretar la realidad actual, lo que significa que puede que constantemente estés revisando experiencias antiguas que minaron tu confianza en ti mismo, reforzando estas conexiones neuronales cada vez que las recuerdas. Estas experiencias pasadas pueden actuar como un filtro distorsionado que influye en tu percepción presente, limitando tu potencial y manteniéndote atrapado en patrones de baja autoestima.

El poder de las emociones

La clave para alinear tu cerebro contigo son las emociones. Vincular emociones intensas a nuevas percepciones de ti mismo con confianza hará que tu subconsciente las acepte como verdaderas. De hecho, tu mente subconsciente no distingue entre lo imaginario y lo real, una afirmación respaldada por numerosas investigaciones científicas. Esto significa que puedes aprovechar el poder de tu imaginación y tus emociones para reprogramar tu subconsciente con creencias positivas sobre ti mismo.

Por ello, es tan efectivo impregnar tus metas con un deseo emocional intenso, lo que no solo construye sino que también mantiene tu motivación. La intensidad de tus emociones puede acelerar el cambio en tu vida, permitiéndote manifestar cuánticamente una mayor autoestima y confianza. Sumar a esto un poco de autoaceptación cariñosa facilitará la desaparición de cualquier tendencia hacia la baja autoestima y la inseguridad. Trátate con la misma compasión y comprensión que le ofrecerías a un querido amigo, y observa cómo tu mundo interior se transforma.

Capítulo 6- El Poder De La Imaginación

La imaginación es el catalizador de toda transformación, ya sea en tu mundo interno o externo. Visualiza a una científica absorta en su investigación, quien, fatigada, decide tomar un respiro. De un cajón, saca dos pequeñas piedras negras y las sostiene firmemente mientras se recuesta en su silla. Al cerrar los ojos, permite que la tensión se disipe, entrando en un estado de profunda reflexión donde las ideas fluyen libremente. De repente, se levanta inspirada por una solución que ha emergido de su subconsciente. Este método no es ajeno a brillantes figuras históricas que han encontrado en la quietud el camino hacia la creatividad.

La imaginación es una herramienta poderosa que todos poseemos, pero que a menudo subestimamos. Es la chispa que enciende la innovación, la resolución de problemas y el autodescubrimiento. Al permitirnos visualizar posibilidades más allá de nuestra realidad inmediata, nos libera de las limitaciones percibidas y nos abre a un mundo de potencial ilimitado. Ya sea que busques soluciones creativas en tu trabajo, explores nuevas formas de expresión artística o simplemente sueñes con una vida mejor, tu imaginación es la clave para desbloquear tu genialidad innata.

Conviértete en un genio creativo

Cada persona tiene un potencial creativo inherente, esperando ser descubierto y cultivado. La creatividad trasciende la habilidad para innovar en diversas disciplinas; se manifiesta en las acciones cotidianas, como preparar un bocadillo con lo que encuentras en el frigorífico. Es la capacidad de ver el mundo con ojos frescos, de combinar ideas de maneras novedosas y de encontrar soluciones ingeniosas a los desafíos diarios.

Sin embargo, muchos no se consideran creativos debido a que durante la infancia se nos insta a conformarnos y seguir reglas estrictas, lo cual puede sofocar nuestra capacidad innata de ser creativos. La mayoría de los sistemas educativos priorizan la conformidad sobre la creatividad, representando un desafío para mantener esa chispa creativa en la edad adulta. Pero con práctica y el entorno adecuado, puedes reavivar tu creatividad y dejar que brille en todo su esplendor.

La creatividad no es para unos pocos

La creencia de que la creatividad genuina es exclusiva de un pequeño grupo especialmente talentoso desde su nacimiento ha desalentado a muchos. No obstante, esta idea fue refutada hace tiempo. Un estudio de largo plazo reveló que, aunque la mayoría de los estudiantes con coeficientes intelectuales elevados llevaba vidas exitosas, solamente unos pocos hicieron aportes creativos significativos y ninguno realizó obras creativas de gran envergadura. Esto sugiere que el coeficiente intelectual por sí solo no es un predictor confiable de la genialidad creativa.

El Dr. Dean Simonton afirma que "la creatividad no guarda relación con el coeficiente intelectual", desmitificando así la idea del "genio creativo innato". La respuesta parece residir en la capacidad para acceder a estados de conciencia expandidos y aprovechar el poder de la mente subconsciente.

Mediante la práctica deliberada y el enfoque sostenido, individuos excepcionales han aprendido a sumergirse en estados de flujo donde las ideas creativas surgen sin esfuerzo. Yo-Yo Ma, Carl Jung y Albert Einstein atribuían su creatividad a la capacidad de alinear su ser físico y emocional, accediendo tanto a su mente consciente como subconsciente.

Un estudio con la participación de 16.000 ejecutivos encontró que el 80% de su éxito se debía a un "acceso consciente a su intuición creativa subconsciente". Esto sugiere que la clave para liberar tu genio creativo radica en cultivar una relación fluida entre tu mente consciente y subconsciente.

Potencia tu genialidad natural

Para incrementar tus oportunidades de creatividad y desempeño a un nivel genial, es fundamental acceder de manera consciente a tu mente subconsciente. Esta funciona como un archivo constante de todo lo percibido, esperando ser aprovechado. Imagina tu mente subconsciente como un vasto océano de potencial creativo, repleto de ideas, soluciones y percepciones innovadoras. Al aprender a sumergirte en las aguas de tu subconsciente, puedes acceder a un tesoro de creatividad y conocimiento que transformará tu vida.

Existen diversas estrategias para acceder espontáneamente a esta información subconsciente, tales como la intuición, el entrenamiento de ondas cerebrales, sueños y sueños lúcidos, momentos "eureka", meditación, relajación profunda, hipnosis, guías de relajación y experiencias espontáneas de iluminación. Cada una de estas técnicas te permite trascender las limitaciones de tu mente consciente y sumergirte en el vasto océano de tu subconsciente, donde las ideas más brillantes y las soluciones más ingeniosas esperan ser descubiertas.

Desata tu creatividad

Edward de Bono sostiene: "El pensamiento creativo no es un don innato; es una competencia que se puede desarrollar. Refuerza las capacidades naturales de las personas". Para desatar tus instintos creativos, empieza por desafiar las restricciones impuestas por el sistema educativo, que te condicionó a permanecer callado y solicitar permiso antes de expresarte. Romper con la formación que nos insta a seguir la corriente puede ser complicado, pero es factible. No te rindas ante estos obstáculos, ya que con determinación y práctica, lograrás activar tu creatividad rebelándote contra esas antiguas barreras que te limitan.

Estrategias para estimular tu pensamiento creativo:

Ve los problemas como oportunidades. A lo largo del día, nos encontramos con numerosas ocasiones para expandir nuestra capacidad de pensar de manera creativa. No dejes pasar estas valiosas oportunidades. Entiende que un "problema" podría ser en realidad la chispa para una revelación creativa que te lleve a nuevas ideas y soluciones innovadoras. Aprovecha estas oportunidades y explóralas al máximo, permitiéndote ver más allá de lo evidente.

Cuestiona lo que das por sentado. Nuestro análisis automático de situaciones se basa en experiencias y creencias previas, tan arraigadas que ni siquiera consideramos cuestionarlas, lo que puede sofocar nuestra creatividad sin que nos demos cuenta. Cuestionar estas suposiciones te permite ver más allá de lo evidente y alcanzar las innovaciones creativas que te mereces. No temas desafiar tus propias ideas preconcebidas y las nociones ampliamente aceptadas. Al decidir cuestionar una suposición, estás dando un paso valiente en el camino hacia el descubrimiento.

Atrévete a errar de forma productiva. Edison entendía que cada fracaso lo acercaba más al éxito. No permitas que el "miedo al error" limite tu capacidad creativa. Abraza tus errores como oportunidades de aprendizaje y crecimiento. La esencia de la creatividad no radica en hacerlo "bien" siempre. Al contrario, se fundamenta en la disposición a arriesgarse y a cometer "errores". No te rindas ante los obstáculos; persiste y aprende de cada experiencia.

Vence el temor al fracaso. La disposición a tomar riesgos es esencial para la creatividad. Si no estás preparado para arriesgarte y enfrentarte a lo que muchos consideran un "fracaso", no esperes convertirte en un pensador creativo. Todos los creativos experimentan fracasos antes de triunfar. Estos son parte del proceso de revisión de nuestras ideas. Recuerda que la creatividad no existe sin el fracaso. Acéptalo como un compañero necesario en tu viaje creativo.

Acostúmbrate a tomar riesgos. Cada "fracaso" puede potenciar tu creatividad al aportar nuevos conocimientos. La neurociencia moderna ha demostrado que nuestros cerebros se reconfiguran con cada nuevo aprendizaje obtenido de nuestros errores. Así que no temas equivocarte; abraza los riesgos como oportunidades para expandir tu mente y alcanzar nuevas cotas creativas.

Explora el pensamiento alternativo. Hallar una solución novedosa a un problema conocido suele requerir una nueva perspectiva. Una manera sencilla de impulsar la creatividad es mirar el problema desde la óptica de otra profesión. Este enfoque puede conducir a importantes descubrimientos creativos al sacarte de tus patrones habituales de pensamiento y abrirte a nuevas posibilidades.

Implementa Tus Ideas

Imagina que, en vez de descartar apresuradamente una idea fugaz, decides estar alerta y considerarla con más atención. De pronto, se te ocurre otra idea relacionada y vislumbras una nueva oportunidad. En ese momento, estás viviendo una explosión de creatividad genuina, un salto en tu pensamiento. Tu mente se ilumina de entusiasmo al contemplar ese pensamiento o intuición poderosa que podría cambiar el rumbo de tu vida.

Los pensamientos e ideas que brotan espontáneamente en tu mente no son mera casualidad. Una fuente misteriosa de poder creativo está tocando a tu puerta, esperando que la dejes entrar. No la ignores; dale la bienvenida y permite que te guíe hacia nuevos horizontes.

Una Nueva Estrategia Para esos "Bombillazos"

Se dice que la bombilla eléctrica fue una idea tan buena, que por eso se volvió el símbolo universal de las buenas ideas. Detrás de esa sensación de tener un "bombillazo" cerebral al concebir una idea innovadora, existe un fenómeno cerebral físico muy real que puedes aprender a propiciar. Reflexiona sobre aquellos momentos en que has experimentado revelaciones similares. ¿Te sentías particularmente relajado? El secreto reside en entender que el pensamiento lógico y el creativo ocupan distintas áreas del cerebro. No es posible que tu cerebro realice ambas tareas al mismo tiempo. Tienes que decidir qué estado mental prefieres activar: el analítico o el creativo. Y el estado mental propicio para la creatividad se fomenta mediante la relajación.

Por lo tanto, si deseas invitar a una visión creativa a tu mente, cuestiona cuáles son las actividades que te permiten "liberar la mente" con mayor eficacia. Encuentra tus propios disparadores de relajación y úsalos estratégicamente. Si te enfrentas a un problema específico, intenta este método: primero, dedica tiempo al análisis lógico. Luego, relájate. Haz algo completamente distinto y relajante. Deja de pensar en el problema y permite que tu mente subconsciente trabaje en la pregunta o desafío. Continúa con tu vida y "permite" que la solución emerja en tu consciencia cuando menos lo esperes. Confía en el poder de tu mente para hacer manifestaciones cuánticas creativas cuando le das el espacio adecuado.

Tormenta de Ideas

Así como ejercitas tus músculos para mantenerlos fuertes y ágiles, tu mente también se beneficia de desafíos mediante ejercicios de pensamiento creativo. Selecciona un problema o pregunta que quieras resolver. Recuerda que tu subconsciente está activo las 24 horas del día, todos los días de la semana, y es la fuente de la mayoría de tus ideas creativas. Una vez que planteas la pregunta, tu subconsciente comienza a buscar respuestas entre los recuerdos e ideas acumulados a lo largo de tu vida.

Antes de dormir, dedica unos treinta minutos a reflexionar sobre un problema, desafío u oportunidad que te interese. Al apagar la luz, deja de lado todas tus preocupaciones y permítete descansar. No esperes resultados inmediatos; tu mente necesita tiempo para hacer su magia creativa. Al día siguiente, levántate una hora antes de lo habitual. Busca un lugar cómodo donde puedas estar a solas con una taza de café o té, un bloc de notas y tu bolígrafo o lápiz favorito. Crea un ambiente propicio para la reflexión y la inspiración.

Realiza un "volcado de ideas" en el papel. Relájate y deja que tus pensamientos fluyan libremente. Anota todo lo que te venga a la mente, sin importar lo imposible o extraño que parezca. No te censures ni juzgues tus ideas en este punto; simplemente déjalas salir. Deja que tu cerebro libere las ideas y captúralas para su análisis posterior. Cuantas más ideas generes, más materia prima tendrás para encontrar soluciones innovadoras.

Experimenta con tus ideas. Ahora (o más adelante), juega con lo que has anotado. Busca combinaciones únicas o ideas inesperadas y observa cómo se unen en una solución coherente. Sé atrevido y piensa fuera de la caja. En la mayoría de los casos, surgirá una nueva idea creativa que no habías considerado antes. Permítete hacer manifestaciones cuánticas en tu pensamiento, conectando elementos aparentemente dispares en nuevas y emocionantes maneras.

Recuerda que los problemas suelen estar compuestos por varios subproblemas menores. Identifica y enumera estos subproblemas tal como te vengan a la mente. Al descomponer el problema en partes más pequeñas y manejables, incrementarás exponencialmente tu habilidad para resolverlo de forma creativa.

En vez de preguntarte "¿Es esta la respuesta correcta?", cuestiona "¿Es esta la pregunta adecuada?". A veces, reformular la pregunta puede abrir nuevas vías de pensamiento y llevarte a soluciones que no habías considerado. Además, identifica las suposiciones, tanto evidentes como subyacentes, que puedas estar dando por sentadas. A menudo, tus suposiciones inconscientes están vinculadas con antiguos temores personales que pueden carecer de fundamento en la realidad. Al cuestionarlas, te liberas para explorar nuevas posibilidades.

Por último, encuentra un problema "solucionable" en tu lista. A veces, resolver un problema menor puede darte la clave para desentrañar un desafío mayor. Céntrate en lo que puedes hacer, en lugar de en lo que no puedes, y observa cómo se desbloquea tu creatividad.

Capítulo 7 - El Mundo Espiritual

Antes que nada, recuerda que todos estamos compuestos de energía pura. La ciencia ha demostrado mediante la primera ley de la conservación que la energía siempre permanece constante. No puede ser destruida ni creada, sólo se transforma de una forma a otra. Esto es precisamente lo que sucede cuando alguien fallece. La energía que habitaba en su cuerpo físico se convierte en otra forma de energía invisible al morir. Su esencia energética no desaparece junto con su envoltura carnal. Por ende, sus pensamientos, emociones y sentimientos perduran más allá.

Muchas tradiciones religiosas condenan a quienes trabajan como psíquicos, médiums y sanadores, considerándolos malignos. Pero ahora que comprendes mejor la energía, te darás cuenta que estas personas simplemente se conectan con energías que ya no tienen un cuerpo físico. De la misma forma en que podrían sintonizarse contigo si estuvieran en el mismo cuarto. ¿Recuerdas cuando mencioné que a veces sientes la energía de alguien que está pensando en ti aunque no esté presente? Enlazarse con energías de seres que ya no están en este plano terrenal funciona bajo el mismo principio.

Dado que la energía conserva los pensamientos, emociones y sentimientos, cuando un sensitivo, canal o sanador entra en contacto con ella, puede captar información relevante. Esos contenidos mentales y emocionales no se esfuman con la muerte del cuerpo.

Espíritu vs Alma

Existe una distinción importante entre el espíritu y el alma. Seguramente has escuchado la frase "es un alma vieja". Todos estamos hechos de una energía que está interconectada con la energía universal. ¿Te acuerdas del ejemplo del slime que di en el primer capítulo? Nuestro espíritu vendría siendo la bola más grande de slime, que siempre permanece unida a la energía universal y jamás encarna en un cuerpo humano. El alma sería un pequeño pedazo que se desprende de esa bola y se introduce en un cuerpo físico. El propósito de nuestra alma es aprender, crecer y evolucionar, para luego reintegrarse a nuestro espíritu al morir. Para poder evolucionar, enfrentamos diversos desafíos mientras estamos encarnados. Dentro del cuerpo, tenemos que lidiar con nuestra mente humana para despertar nuestra consciencia - esa parte de la mente que está conectada con tu alma y espíritu. Por lo tanto, cuando nuestra energía se encuentra aquí en la Tierra dentro de un cuerpo, estamos trabajando con nuestra alma. Y al fallecer, nuestra alma vuelve a fundirse con nuestro espíritu.

Espíritus de baja vibración

La energía de un espíritu no siempre vibra en una frecuencia elevada. Si nosotros como seres humanos no aprendemos, crecemos ni evolucionamos, no tendremos nada nuevo que aportar de regreso a nuestro espíritu. Por ende, lo mantendremos en una vibración baja. También puede ocurrir lo opuesto, que en lugar de evolucionar, involucionamos, llevando vibraciones más densas a nuestro espíritu. En ocasiones, estos espíritus de baja vibración se adhieren a los humanos, tal como la energía humana puede absorberse en otros. Es el mismo principio, sólo que esta energía no está contenida en un cuerpo físico. Puede tratarse de la energía de nuestros seres queridos, ancestros o incluso allegados de otras personas. El mundo espiritual puede ser difícil de comprender, pero estos apegos ocurren independientemente de si crees en ellos o no. Es mejor estar al tanto y entenderlos, para poder limpiar la energía de inmediato si sucede.

Una de mis clientas, P, empezó a sentirse deprimida y enojada sin saber por qué. Ella sabía que su energía estaba bloqueada, pero no lograba identificar el motivo. Agendó una limpieza energética conmigo y durante la conexión, percibí que se trataba de un individuo fallecido. Le expliqué lo que vi y sentí, y rápidamente lo identificó como el esposo de su amiga que había muerto recientemente. Ni siquiera lo conocía bien, pero tenía una tarjeta de su funeral en su repisa. Realizamos una limpieza energética y lo enviamos hacia la luz (energía universal). Después de nuestra sesión, ella se sintió liberada de todos esos pensamientos y emociones que la habían estado atormentando los últimos días.

Este tipo de situaciones ocurren constantemente, pero la mayoría de las personas no son conscientes de ello. Por eso es crucial poder identificar tu energía base.

Otra clienta, vino a verme hace un año sintiéndose muy desconectada de la gente y de sus propios pensamientos. Sabía que tenía mucho potencial, pero la vida no encajaba para ella. Sentía que algo estaba bloqueado impidiéndole ser ella misma, pero no lograba descifrar qué era. Durante nuestra sesión me contó que su abuelo se había suicidado en casa cuando ella tenía 9 años. Esta mujer sufría de ansiedad severa y en nuestra sesión identificó que comenzó alrededor de los 5 o 6 años cuando se mudó de su casa de infancia a la casa de sus abuelos, el mismo lugar donde falleció su abuelo. Una vez que se trasladó allí, se convirtió en una bola de miedo, repitiéndose cada noche antes de dormir: "No moriré". No entendía por qué odiaba vivir ahí y siempre estaba preocupada por la muerte. Básicamente usaba la afirmación "No sé por qué me siento así". Tan pronto como mencioné que la energía de su abuelo podría haberse adherido a ella, todo cobró sentido. En la sesión, limpiamos la energía de su abuelo que había estado sobre ella desde pequeña y lo enviamos hacia la luz (energía universal). Después de esa sesión, su ansiedad disminuyó notablemente y la vida comenzó a encajar para ella.

Los espíritus de baja vibración no tienen malas intenciones. Simplemente quieren sentirse mejor, al igual que nosotros en el plano físico. Para lograrlo, necesitan unirse a personas de vibración más alta.

Espíritus atrapados en el medio

Algunos espíritus no se adhieren a alguien físicamente, pero quedan atrapados en el plano terrenal. Por ejemplo, se apegan a la casa o al espacio físico que era importante para ellos. Cuando era más joven, siempre decíamos que había un fantasma en nuestra casa porque eso nos ayudaba a explicar las cosas extrañas que sucedían, como luces que parpadeaban, objetos que desaparecían, sombras que se veían, aparatos electrónicos que se encendían solos, etc. No puedo asegurar si realmente era un espíritu atascado o si en realidad eran otros espíritus tratando de darnos mensajes o hacer notar su presencia. Si hubiera sabido entonces lo que sé ahora. Estos espíritus están perdidos y no saben cómo regresar a la "luz" o energía universal. Sólo necesitan un poco de ayuda. En mi experiencia, estos espíritus no han abandonado este mundo de manera pacífica o no estaban listos para irse cuando fallecieron.

En una sesión, una clienta me contó que se despertaba asustada en medio de la noche. Además, sucedían cosas extrañas alrededor de la casa y ella no entendía qué pasaba. Intentó limpiar la casa con salvia pero nada parecía funcionar. Le pregunté si alguien había muerto en la casa y me compartió la historia de la persona que vivía allí antes. Aparentemente, le habían disparado en la gasolinera de la carretera y había fallecido. Al conectarme con este espíritu, lo vi corriendo de regreso a la casa porque estaba asustado. Estaba atascado y no sabía cómo volver a la energía universal. En la sesión lo ayudamos a hacer la transición y unas semanas después supe que mi clienta ya no sentía esa energía oscura allí.

El estado de sueño

Los espíritus pueden ser los principales responsables de los problemas para dormir. Pueden despertarte, visitarte o paralizarte. Es maravilloso cuando seres queridos que han fallecido nos visitan en sueños. Yo siempre me despierto llorando porque siento mucho amor. Sin embargo, una visita de energía negativa (espíritus) no es tan agradable y puede asustarte. Si tienes dificultad para dormir o te despiertas con miedo o llorando sin saber por qué, podrían ser espíritus acercándose mientras duermes. Este problema es común y necesita ser abordado.

Una clienta, N, en cierto punto empezó a tener muchos problemas para dormir. Se despertaba gritando en mitad de la noche sin saber por qué. Por las mañanas estaba agotada y le costaba atender a sus clientes como trabajadora social. Me explicó esto en nuestra sesión y durante la sanación sentí una energía muy negativa a su alrededor que venía sólo por las noches. Fue una de las energías más oscuras que he percibido en una sesión. Poder identificar esta energía negativa facilitó limpiarla y establecer un límite de que no se permitía que regresara. Unos días después, N me contactó para pedirme la grabación porque hace días que no se despertaba llorando. Lamentablemente, tuve que decirle que mi computadora, que apenas había comprado hace seis meses, no encendía después de su sesión. Lo intenté por días, pero cuando la llevé a reparar me dijeron que el hardware estaba frito. ¡Así de negativa era la energía que me dejó la computadora arruinada!

Si esta situación resuena contigo, por favor sigue los pasos de "Estableciendo Límites con el Mundo Espiritual" que veremos más adelante.

Parálisis del sueño

He escuchado que muchas personas sufren de parálisis del sueño. No soy médico ni terapeuta con licencia, pero creo que hay una explicación científica para algunos casos. La mayoría de los doctores explican la parálisis del sueño como el apagado de los músculos durante la fase REM del ciclo de sueño. Al despertar durante ese período, no eres capaz de moverte de inmediato. Esto explica la parte paralizante. Sin embargo, no explica las visiones de una energía oscura flotando sobre tu cabeza que muchos experimentan. Si este es tu caso, quiero que sepas que te creo. No estás loco. Creo que la parálisis del sueño con imágenes de energía oscura está asociada a energías negativas que se acercan por la noche. Este tipo de energía puede apoderarse de tu cuerpo, adherirse a ti o hacer notar su presencia. No hay necesidad de asustarse, aunque entiendo lo aterrador que es. Si esto te está sucediendo, no estás solo y no estás loco. Hay medidas que puedes tomar para resolver este problema.

Una clienta, J, vino a verme porque se despertaba sin poder moverse en medio de la noche. Aunque le aterrorizaba, había estado viviendo con ello pensando que no había nada que pudiera hacer. Toda la investigación que encontró no le dio sugerencias útiles sobre cómo detenerlo. Así que me pidió hacer una sesión. Identifiqué la energía y la limpié. A partir de entonces, ya no sufrió más parálisis del sueño.

Hay pasos que puedes seguir si sufres de este problema. Siempre me gusta intentarlo todo antes de rendirme y aceptar que no puedo hacer nada. Sigue las siguientes indicaciones si padeces parálisis del sueño.

Estableciendo Límites con el Mundo Espiritual

Lo mejor de la energía del mundo espiritual es que tenemos el control. Si tienes problemas para dormir, te aconsejo limpiar y proteger tu energía a diario, y también establecer límites. Todo lo que debes hacer para fijar límites con el mundo espiritual es decir por la noche antes de acostarte: "Espíritu Guía en amor y luz, por favor (inserta el Límite de la lista)".

Protégeme de la energía negativa.

No permitas que los espíritus se apoderen de mi cuerpo.

Déjame dormir toda la noche.

Ayúdame a no soñar esta noche.

No dejes que los espíritus me despierten durante la noche.

Y cualquier otro que resuene contigo.

Establecer estos límites es esencial si tienes problemas para dormir, pero también puedes usar límites como estos si eres sensitivo o sanador.

Sanando la Energía del Mundo Espiritual

Si tienes seres queridos en el mundo espiritual, también puedes ayudarlos a sanar. Al sanarlos a ellos, te sanas a ti mismo. Como mencioné antes, los espíritus pueden tener una energía negativa que los lleva a apegarse a ti. Esto puede afectar tu energía y crear caos en tu vida. Al sanar su energía, aunque no estén en un cuerpo físico, permites que tú y tu familia también sanen. Esto es especialmente útil para seres queridos que has perdido por suicidio, sobredosis, envenenamiento por alcohol, asesinato o cualquier otra muerte traumática.

Esto captó mi atención recientemente mientras trabajaba con mi cliente M. Ella había participado en algunos de mis programas e incluso aprendió sanación energética por su cuenta. Hace poco me contactó porque su hijo de 7 años estaba teniendo problemas en la escuela. Su ira lo dominaba y lo habían suspendido unos días. Temía que lo expulsaran del colegio y me preguntó si podía trabajar con su energía. Quería ver si captaba algún mensaje o razón por la que estaba actuando así. Ya había trabajado con M por un tiempo y sabía que el padre de su hijo se había suicidado cuando éste tenía unos 4 años. En la primera sesión, inmediatamente me sentí atraída hacia su hijo, pero percibí la energía de su padre sobre él. Sentí mucho amor por él, pero al mismo tiempo, mucho dolor y sufrimiento. Vergüenza y culpa por lo que había hecho y el dolor que había causa do a su familia. En la sesión, me di cuenta de que los tres estaban conectados energéticamente, y por eso a M le costaba tanto dejarlo ir. Ahora su hijo estaba empezando a darse cuenta de que su padre no estaba y no entendía por qué. Los niños a esa edad sienten mucha curiosidad, especialmente sobre cosas que no comprenden. Para mi sorpresa, la sesión no fue solo una sanación para su hijo, sino para los tres. Sanar la energía del padre fue lo primero, porque estaba afectándolos a todos sin quererlo. Una vez que dio un paso atrás y soltó la vergüenza y culpa que sentía, pudo comenzar a amarlos desde la distancia, enviándoles amor y luz en lugar de impactarlos con energía negativa. Los mensajes que compartí y surgieron en las sesiones resonaron profundamente con M, ayudándola a dar sentido a lo que su hijo y el padre estaban sintiendo. Hicimos varias sesiones enfocadas en esto, y M me informó que su hijo estaba muy diferente. Ya no actuaba de manera descontrolada y se sentía como un niño distinto.

Esta fue mi primera experiencia sanando a una familia completa al mismo tiempo, pero fue algo hermoso. Si tienes seres queridos del otro lado que crees podrían estar sufriendo, o su energía podría estar afectándote, entonces una sanación como esta puede ser un bello regalo para todos ustedes.

Capítulo 8 - Influencias energéticas externas

Todos provenimos de una misma fuente universal de energía, aquella que dio origen a nuestra existencia. Cada persona tiene su propia creencia sobre qué o quién es esa fuente, pero en este libro nos enfocaremos en su esencia energética. Al venir del mismo lugar, compartimos esa energía primordial. Cuando la energía de las personas se ve influenciada de manera significativa por eventos mundiales, a esto lo denominamos energía colectiva. Esta fuente primaria puede impactar nuestra energía en cualquier momento. Como has aprendido, somos capaces de percibir la energía de otros, estén cerca o lejos. He observado que cuando suceden acontecimientos que afectan a muchas personas alrededor del mundo, tendemos a absorber esa energía. En 2020, con la pandemia, los incendios forestales y las tensiones políticas en Estados Unidos, una energía de miedo e ira se hizo presente en gran parte de la población. Temor a la muerte, disturbios, asesinatos, enfermedades y más. La energía colectiva era muy densa, y aunque no sintieras miedo o enojo directamente, podrías haber comenzado a experimentarlos al captar esa energía colectiva. Comprender este concepto es fundamental. Te brindará consciencia y claridad sobre tu propia energía, permitiéndote ser proactivo para intensificar tus prácticas de limpieza y protección en esos períodos. Siempre que estés al tanto de un evento de gran impacto en tu estado, país o el mundo, es momento de potenciar tus prácticas diarias. Además, apaga la televisión, reduce el uso de redes sociales y evita conversar con quienes están inmersos en esa energía, para que no influya en la tuya.

Energía astrológica

Aunque no existen estudios concluyentes que confirmen al 100% la influencia de la energía lunar, solar o planetaria en nuestros cuerpos y mentes, compartiré contigo mis reflexiones y vivencias al respecto. Abundan los relatos sobre cómo la luna llena afecta emocionalmente a las personas. Se dice que durante esa fase lunar, la gente se vuelve más inestable y "loca". Si bien no hay evidencia científica, este tipo de historias han persistido a lo largo del tiempo. Ahora que conoces sobre la energía y cómo todo está compuesto por ella, la luna, el sol, los planetas y las estrellas no son la excepción. ¿Es descabellado pensar que cuando los planetas se mueven o cambian de posición, su energía podría influir en nosotros? Si crees en los horóscopos o signos zodiacales, esto se relaciona con esa influencia. Estás basando tu identidad en la energía planetaria al momento de tu nacimiento, y cada mes, tu horóscopo interpreta la energía de los planetas y cómo afectará tu vida según tu signo. He realizado numerosas lecturas en lunas llenas y nuevas, y muchas personas experimentaban sensaciones similares. La energía planetaria nos impacta de algún modo y de distintas maneras. Ser consciente de este tipo de energía puede ayudarte a comprender mejor lo que estás viviendo. En ocasiones, he tenido colapsos emocionales, y al darme cuenta de la proximidad de una luna llena o nueva, entendía que no se trataba solo de mí, sino de la energía lunar, y que pronto pasaría. En lugar de quedarme atrapada en esos sentimientos, me tranquilizaba saber que mis emociones se disiparían en unos días. Este alivio es el poder de ser consciente de tu energía en todo momento. Si no logras entender por qué te sientes de cierta forma, observa qué está sucediendo astrológicamente. Puede ayudarte a comprender la situación y a utilizar esa energía en lugar de temerle. No profundizaré demasiado en astrología, pero si esto resuena contigo, sería sabio conocer los ciclos lunares y los cambios planetarios.

Algunos eventos a considerar son las Lunas Llenas, Lunas Nuevas y los períodos de Mercurio retrógrado. Estos son sucesos astrológicos que he notado tienen un impacto significativo en mis consultantes y en mí misma. La luna llena es un momento propicio para soltar aquello que no te beneficia en tu vida. Puedes hacer una lista de lo que deseas dejar ir y quemarla bajo la luna llena. Por favor, hazlo con responsabilidad. La luna nueva es excelente para establecer intenciones. Escribe una lista de lo que quieres atraer a tu vida y colócala bajo tu almohada mientras duermes. Recuerda que la energía de la luna llena y nueva está presente tres días antes y tres días después de la fecha exacta. Tienes un amplio margen para canalizar la energía lunar y transformar tu vida. Cada mes hay una luna llena y una luna nueva, a veces más, así que cuentas con múltiples oportunidades para aprovechar su energía.

Otro evento a tener en cuenta es Mercurio retrógrado, que ocurre cuando el planeta Mercurio parece moverse hacia atrás en el cielo, aunque en realidad no lo haga. Durante estos períodos, es recomendable ser flexible, paciente y comprensivo. Mientras Mercurio esté retrógrado, los viajes, la electrónica, el correo y la comunicación pueden verse afectados. Pueden presentarse retrasos, fallas en dispositivos electrónicos, cancelaciones y más. Mercurio retrógrado es un excelente momento para reflexionar, pero evita tomar decisiones definitivas durante este tiempo. Al estar consciente de que te encuentras en un período de Mercurio retrógrado, es más fácil sentirte menos frustrado ante cualquier contratiempo, ya que hay una explicación para ello. Planifica en torno a estos períodos y tu vida será mucho menos estresante.

Tu energía

Hasta ahora, has aprendido cómo la energía de otros puede estar generando caos en tu vida. Al absorber la energía de otras personas o entidades, no estás sintiendo tu propia energía, lo que significa que no estás experimentando tus propios pensamientos, sentimientos y emociones. Ahora que has aprendido a limpiar y proteger tu energía, es momento de hablar de TU energía.

En este capítulo, exploraremos cómo tu propia energía está creando caos en tu vida. Cada vez que atraviesas un evento traumático, este afecta tu energía. Hace unos años, realicé un experimento en YouTube para demostrar cómo tu energía se ve impactada a lo largo de tu vida. Tomé un recipiente con agua cristalina, que representaba tu energía al nacer. Normalmente, es clara y está libre de traumas y de la energía de otros. En este experimento, tenía una bola de slime, que simbolizaba la energía del trauma. El trauma puede describirse como una experiencia perturbadora o significativamente angustiante. A medida que vives acontecimientos traumáticos, se forma una energía que permanece en tu campo energético.

Por ejemplo, si de niño uno de tus padres te abandonó, ese suceso (trauma) hizo que tu energía se viera afectada. En este experimento, un pequeño trozo de slime que representa el trauma caería en el agua cristalina cuando ocurrió ese evento. Luego, un año después, te burlaron en la escuela frente a toda la clase. Otro pedazo de slime cae en el recipiente. Unos años más tarde, tu pareja te es infiel. Cuando llegas a los veinte o treinta años, gran parte del recipiente está lleno de slime, representando los acontecimientos traumáticos que has vivido. Tu hermosa energía cristalina está ahora llena de una energía traumática pegajosa. Todo ese trauma se asienta en el fondo del recipiente. Ahora, digamos que el padre que te abandonó de pequeño se acerca a ti. Toda la energía, tus pensamientos, sentimientos y emociones en torno a ese padre saldrán rápidamente a la superficie. Todo emerge. La acción de que tu padre se acerque es lo que llamo un desencadenante. Un desencadenante te recuerda el trauma que viviste y hace que todos esos sentimientos que creías haber superado resurjan. Esto puede llevarte a enojarte, gritar, decir cosas hirientes o incluso tener un ataque de ansiedad. Los desencadenantes no te afectan hasta que liberas la energía que rodea al trauma original. Además, con el tiempo, la energía que envuelve estos traumas comienza a impactar tu cuerpo físico, tema que abordaremos en el próximo capítulo.

Comencé a darme cuenta de que estaba siendo desencadenada cuando mi esposo y yo nos separamos. Él tuvo una novia a la semana de separarnos y empezó a acercarla a mis hijos al mes. Después de una fuerte discusión, ella dejó de venir, hasta unos meses después. Un día, cuando él trajo a los niños a casa, su novia estaba en el asiento del pasajero de su camioneta. Apenas habían pasado unos meses desde nuestra separación, y nuestro divorcio ni siquiera estaba finalizado. Verla en el auto con mis hijos me hizo estallar de ira. Mi mente se aceleró. Primero surgió el enojo. Quería golpearla y decirle quién era realmente y las cosas que había hecho. Luego, mis pensamientos me invadieron, preguntándome por qué ella era mejor que yo, por qué él quería estar con ella y no conmigo. No podía entender cómo podía echar por la borda nueve años de matrimonio. En ese punto, había estado trabajando un poco con la energía y me di cuenta de que estaba siendo desencadenada; verla en el auto de mi ex esposo hizo aflorar todos esos sentimientos del pasado. Sin embargo, no se trataba de mi ex, porque de todas formas no quería estar con él. Se trataba de mi padre, a quien no vi durante nueve años de mi vida. No estaba molesta porque mi ex no me quisiera, aunque seguramente lo parecía; estaba molesta porque mi padre no me quería. Una vez que me di cuenta del desencadenante, dejé de enfocarme en mi ex y su novia, y comencé a sanar la energía en torno a la relación con mi padre.

Veo esto a menudo en mis consultantes; generalmente acuden a mí por algo que está sucediendo actualmente. Puede ser una pelea con compañeros de trabajo o problemas laborales, pero el 90% de las veces, lo que está ocurriendo ahora está desencadenando algo del pasado cuya energía no hemos liberado.

Desmitificando el trauma

El trauma no tiene que ser un evento masivo en tu vida, pero sí tiene un impacto significativo. He trabajado con personas que han sido abandonadas en la escuela, han sufrido acoso escolar, han perdido a alguien, han sido dejadas por un padre que siempre estuvo presente o han sido culpadas por algo. Cualquier cosa puede ser un trauma, especialmente para los niños, que no pueden comprender completamente lo que está sucediendo. Es fácil pasar por algo y no considerarlo un trauma que necesita sanación, sin darnos cuenta de cómo afecta nuestra energía. Permíteme darte un ejemplo.

La pandemia de 2020

Todos hemos vivido un trauma, aunque probablemente no lo identifiquemos como tal. Sé que yo no lo hice hasta que un día mi equipo espiritual me compartió que necesitaba sanar del año anterior. Sabía que había pasado por muchas cosas, pero no me había dado cuenta de cuánto me habían afectado. La energía de todos mis consultantes, mis hijos, yo misma y la energía colectiva habían pesado sobre mí. Al principio me sentía fuerte, como si fuera un desafío que podía superar, pero a medida que pasaban los meses, comencé a agotarme y a quemarme. Aunque 2020 fue mi mayor año de sanación, y protegí y limpié mi energía a diario, seguía afectada por el trauma que estaba ocurriendo. Durante la pandemia estaba en modo supervivencia. Solo intentaba pasar el día, siendo madre soltera, con dos hijos en casa todo el tiempo, educándolos en el hogar y llevando mi negocio, era mucho. Mirando hacia atrás, no sé cómo tuve el mejor año en mi negocio con todo lo que estaba manejando. No me daba cuenta de la cantidad de miedo con la que vivía cada día: miedo a enfermar, miedo a perder a mis seres queridos (lo cual sucedió), preocupación de que mis hijos no estuvieran aprendiendo lo necesario, y preocupación por mostrarme con la mejor energía para mis consultantes. Con todo lo que sabía, lo tuve más fácil; muchas otras personas perdieron sus trabajos, los docentes tuvieron que hacer el doble de esfuerzo para sus estudiantes mientras sus propios hijos estaban en casa, los trabajadores esenciales que iban a trabajar cada día con temor, los profesionales de la salud con lo que tuvieron que ver y experimentar, y todos los demás que enfermaron o perdieron a seres queridos. Me emociono solo de pensarlo. Hay mucha gente fuerte en este mundo.

En primer lugar, les agradezco si están leyendo este libro. Sin embargo, mirando hacia atrás, todos estábamos en modo supervivencia, y cuando las cosas comenzaron a abrirse, nos emocionamos mucho por seguir adelante. No obstante, la pandemia global es un trauma masivo que todos vivimos, y necesita ser sanado. Todo ese miedo, ansiedad, pérdida y soledad ha dejado energía atrapada en tu campo energético. Seguir adelante parece emocionante, pero la energía de la pandemia permanecerá contigo si no has realizado el trabajo energético para liberarla.

Alineando tu mente y tu energía

Liberar la energía de eventos traumáticos pasados eliminará gran parte del caos en tu vida. Sin embargo, en mis programas de sanación, no solo trabajamos con la energía; también trabajamos con tu mente. Somos seres energéticos viviendo en un cuerpo humano. Tenemos dos lados. Trabajar con ambos te ayudará a obtener los mejores resultados. Nuestra mente humana tiene una parte que llamo el EGO. Sé que quizás conozcas esta palabra como la autoestima de una persona o lo que piensa de sí misma. Sin embargo, para el propósito de eliminar el caos en tu vida, EGO es un acrónimo de "Echando Grandeza Hacia Fuera". Esta grandeza es una conciencia de energía de una fuente superior. El único trabajo de nuestro Ego es protegernos. Antiguamente, cuando vivíamos en cuevas, nuestro Ego fue creado para estar siempre alerta al peligro. Nuestro Ego estaba pendiente de plantas venenosas, animales peligrosos, e incluso de otras tribus. Ahora, al entrar en el siglo XXI, la mayoría de nosotros no tenemos que temer por nuestras vidas al salir de casa. Sin embargo, nuestro Ego cree que sí. Sigue estando siempre al acecho del peligro. Hoy en día, el peligro es salir de nuestra zona de confort, como buscar un nuevo empleo, iniciar una conversación con alguien atractivo en el supermercado, mostrarnos en redes sociales o terminar una relación tóxica. Hay tantas cosas de las que nuestro ego nos mantiene alejados porque nos generan demasiado miedo. Las creencias subconscientes que se han formado en tu mente a partir de todas las experiencias que has vivido mantienen al Ego alerta. Cuando vamos a actuar hacia algo que queremos hacer, nuestro Ego trae estos pensamientos y experiencias que nos dicen que no somos lo suficientemente buenos. Por favor, tómate un minuto, cierra los ojos y piensa en lo que realmente deseas, imagínatelo, y luego pregúntate qué es lo que te lo impide. Tómate un momento y observa lo que surge. Sea lo que sea, si profundizas, yo diría que el 90% de las veces, la creencia limitante que te está frenando es la creencia de que "no soy suficiente". Con este ejercicio, es posible que emerja cierta resistencia, especialmente si eres el tipo de persona a la que le gusta hacer todo de forma independiente y no pide ayuda. No depender de los demás te hace sentir mejor porque tú eres todo lo que necesitas, pero en realidad, te cierras para protegerte de ser lastimado. La lección aquí es que trabajar en tu mente y reprogramar estas creencias es tan esencial como trabajar con tu energía. Tienes que saber y sentir que eres lo suficientemente bueno para hacer cambios significativos en tu vida.

Infancia

En cualquiera de mis programas de sanación, nos remontamos de inmediato a tu infancia. Como mencioné antes, tu energía es clara cuando sales del útero. La mayoría de tus creencias se forman entre los cero y los siete años. Si tus creencias se moldean entre estas edades, entonces tu energía también sufre un gran impacto. Si piensas en los niños, sus mentes no pueden comprender las cosas como lo hacen las mentes adultas. Muchos de mis consultantes dicen que tuvieron una buena infancia, que no les ocurrió nada demasiado traumático. Sin embargo, no pueden entender por qué se sienten o actúan como lo hacen. Es importante darse cuenta de que, como adultos, entendemos las cosas de manera diferente a como las entendíamos de niños. Cuando mi hija tenía 7 años, me preguntó si su padre iba a morir. Puedes imaginar mi sorpresa ante tal pregunta; no era la típica pregunta de niños de tres o cuatro años cuando aprenden sobre la muerte. Ella pensaba que su padre moriría pronto. Le pregunté por qué creía eso. Me respondió: "Porque no tiene cabello". Su padre tenía treinta años y se afeitaba la cabeza por cuestiones laborales. Pero como era una niña, no lo entendía, y automáticamente relacionó que su padre debía tener cáncer y moriría porque no tenía cabello. Me alegra que me haya preguntado, porque de lo contrario habría pasado meses pensando que su padre iba a morir. Espero que esta historia te muestre cuán diferente podía ser la forma en que tu cerebro procesaba los pensamientos cuando eras niño, en comparación con lo que piensas ahora. Mirando hacia atrás como adulto, tu infancia puede no parecer tan mala, pero como niño podría haber sido una historia muy distinta.

En mi caso, cuando comencé mi viaje de sanación, sabía que tenía problemas con mi padre y había trabajado con muchos terapeutas a lo largo de mi vida, repitiendo constantemente la misma historia con cada nuevo terapeuta. Sin embargo, nada cambiaba. Conocía mis problemas, pero no sabía cómo solucionarlos. Seguía sintiéndome de una determinada manera y, en retrospectiva, sentirme así convertía mis relaciones en una pesadilla. Afectaba las relaciones en todos los ámbitos de mi vida. Tenía herramientas que me ayudaban a lidiar con las secuelas de lo que había vivido, pero seguía atrayendo relaciones tóxicas y dando demasiado de mí a los demás, lo que me dejaba abrumada y agotada. Sabía que merecía mejores relaciones y más éxito en mi vida. Sin embargo, no creía merecerlo ni ser digna de ello. Me sentía así por el trauma que había experimentado en mi infancia. No me sentía lo suficientemente buena. No me sentía digna de amor. El problema era mi energía, todavía tenía energía atrapada de cuando mi padre se fue, que seguía creando caos en mi vida, pero yo no tenía idea.

Para liberar la energía atrapada en tu campo energético, primero debes identificar los traumas más significativos de tu vida y luego trabajar en los más pequeños. Trabajar con tu energía tendrá un impacto sustancial en la forma en que te sientes contigo mismo y dejarás de atraer relaciones tóxicas a tu vida.

Preguntas:

Escribe cuatro acontecimientos que hayan afectado negativamente tu vida y que todavía te provoquen sentimientos o emociones...

¿Qué creencias te han creado estos acontecimientos?

¿Cómo te sientes cuando piensas en estos acontecimientos?

Estos acontecimientos necesitan que se libere la energía a su alrededor, para que no te desencadenen más en situaciones actuales.

Muchos consultantes me dicen que no recuerdan su infancia, lo cual es normal. Tendemos a bloquear las cosas que nos resultan dolorosas. Con la sanación energética, no necesitas recordar detalles; puedes permitir que la energía haga su trabajo. Con el poder de la energía intuitiva, el sanador puede conectarse con tu energía y con la energía que no está en forma física para identificar traumas que quizás no recuerdes.

Hace un año, participé en un panel de psicólogos. Estábamos allí hablando para un evento destinado a ayudar a las personas a sanar de relaciones tóxicas. Había dos hermanas conmigo, ambas psicólogas. Una de ellas me preguntó por qué sentía la necesidad de cuidar a su madre anciana a pesar de que la trataba mal. De inmediato, mis guías me llevaron a una época en la que ella era adolescente y su madre tuvo un accidente. Ella era la única presente para ayudarla. Estaba muy asustada y traumatizada después de aquello. Ni siquiera recordaba lo sucedido. Desde ese día, la energía en torno a ese trauma afloraba cada vez que su madre la necesitaba. Desde entonces, se sintió responsable de mantener a su madre a salvo. Una vez que pudo conectar los puntos y liberar la energía alrededor de ese evento traumático, pudo dejar de sentirse responsable por su madre.

Si no puedes recordar tu infancia, aun así puedes sanarla. Te aconsejaría buscar un sanador energético intuitivo, que pueda ayudarte a recordar esos recuerdos. Ese conocimiento te ayudará a dar mucho sentido a cómo te estás sintiendo.

Capítulo 9 - Los chakras y tu bienestar

Así como tu cuerpo físico posee órganos vitales que lo mantienen funcionando, tu campo energético cuenta con centros que sostienen tu energía vibrando positivamente. Cada uno de estos centros se conecta con emociones específicas y zonas de tu cuerpo. Se les conoce como chakras, palabra que significa "rueda". Existen alrededor de 114 chakras en tu campo de energía, pero generalmente se enseña sobre siete principales en la mayoría de libros y cursos. Los chakras se originaron en la India hacia el año 1500 a.C. Actualmente han ganado popularidad gracias al yoga y otras filosofías de la nueva era. En este capítulo, te presentaré los chakras y te mostraré cómo identificar la energía bloqueada que está generando desorden en tu vida.

Cuando un chakra está balanceado, te sientes fuerte y estable tanto en tus emociones como en la parte física del cuerpo que ese chakra representa. Me gusta imaginar que tus chakras están abiertos y rotando a un ritmo tranquilo y constante. Sin embargo, las experiencias que has vivido en tu infancia y pasado afectan el equilibrio de tus chakras. Un chakra desbalanceado puede estar hipoactivo o hiperactivo y ocasionar distintas dificultades. Un chakra poco activo está cerrado o gira lentamente. Uno hiperactivo está muy abierto o rota demasiado rápido. El desequilibrio de un chakra suele impactar tanto emocional como físicamente, pero cada uno lo hace a su manera. Puedes determinar qué chakra está desbalanceado al reconocer los síntomas emocionales y físicos específicos de cada uno. Los síntomas físicos incluyen también cualquier enfermedad que afecte directamente alguna parte del cuerpo u órgano representado por un chakra en particular. Para liberarte de los síntomas, necesitas sanar tu chakra. Si ya conoces sobre los chakras, no te saltes esta sección. Compartiré contigo por qué un chakra se desequilibra, lo cual te permitirá identificar aspectos del pasado que requieren sanación.

La raíz es el primer chakra de los inferiores. Se representa con el color rojo y se ubica en la base de la columna, justo debajo del coxis. El chakra raíz simboliza los cimientos de nuestra vida, las necesidades físicas y humanas básicas. También refleja la seguridad y la sensación de estar enraizado. Cuando este chakra está balanceado, tienes un sentimiento de seguridad y, como resultado, puedes pensar con claridad, establecer metas y actuar para alcanzarlas. Un chakra raíz equilibrado se siente como una energía serena, fresca y estable. Confías en que todo marcha bien y seguirá fluyendo a tu favor.

Desbalance emocional

Un chakra raíz hipoactivo te hace sentir perezoso, inquieto, ansioso, temeroso y confundido. Como consecuencia, puedes tomar decisiones que no son lo mejor para ti, pensar negativamente, y querer renunciar a cualquier objetivo o sueño que tengas. También puede hacerte muy desorganizado, emocionalmente dependiente, evasivo o soñador. Además, la baja actividad de este chakra genera problemas con los límites. Se te dificulta crear y hacer respetar tus límites, especialmente si tienes heridas de abandono. Puedes creer que la gente se alejará si te mantienes firme en tus límites.

Si tu chakra raíz está hiperactivo, te sientes extremadamente enraizado y seguro de quién eres. Esto puede provocar resistencia al cambio y un fuerte apego a lo material. Quizás te excedas con el dinero, el sexo, la comida y otros aspectos. Un chakra raíz hiperactivo también puede volverte demasiado agresivo, egocéntrico e intimidante.

Dolencias físicas

El chakra raíz se asocia con las glándulas suprarrenales, la estructura ósea/esquelética, los riñones, la columna y la vejiga. Cuando este chakra está desbalanceado, surgen síntomas como problemas digestivos, desórdenes alimenticios, fatiga, dolor de espalda, estreñimiento y dificultades con el peso. La fatiga suprarrenal es muy común, especialmente en madres. Sus síntomas incluyen niebla mental, cansancio con bajones durante el día, antojos de sal y azúcar, insomnio, depresión, disminución de la libido y un sistema inmune debilitado. Es crucial sanar el chakra raíz si experimentas alguno de estos síntomas mencionados y comenzar a tomar suplementos, pero por supuesto, consulta siempre antes con tu médico.

Causas del desbalance energético

Previamente, hablamos sobre tu infancia. Si fuiste abandonado, abusado, amenazado, intimidado o te hicieron sentir inseguro de alguna forma, eso provocaría que tu chakra raíz se desequilibrara. Además, si perdiste a alguien cercano, te quitaron algo valioso, perdiste dinero o un trabajo, o has atravesado relaciones tóxicas, puedes haber empezado a sentirte inseguro y desconectado de la tierra, haciendo que tu chakra raíz gire demasiado lento.

Si de niño eras un pequeño dorado o parecía que no podías equivocarte, podrías haber desarrollado una gran confianza en ti mismo. Esto podría causar un chakra raíz hiperactivo.

2° Chakra~ Sacro

El sacro es el segundo chakra de los inferiores, localizado en la parte baja del abdomen, debajo del ombligo y arriba del hueso púbico. Se representa con el color naranja. Este chakra simboliza el trauma, la alegría y tu energía creativa y sexual. Cuando está balanceado, eres capaz de tener vínculos íntimos profundos y estás libre de los traumas que has enfrentado, sintiéndote vibrante y alegre. Un chakra sacro equilibrado genera un sentimiento interno de pura felicidad. Sientes que estás en total alineación y eres naturalmente feliz la mayor parte del tiempo.

Desbalance emocional

Un chakra sacro hipoactivo te hace sentir demasiado sensible y duro contigo mismo. También causa baja libido, dificultades sexuales o de intimidad y problemas de fertilidad. Además, este chakra puede generar obstáculos con proyectos creativos, conflictos persistentes en relaciones y emociones inestables.

Un chakra sacro hiperactivo te hace sentir sobrepasado emocionalmente, experimentar altibajos, depender en exceso de otros, tener celos o adicción sexual. Si tienes un patrón de relaciones tóxicas, lo más probable es que este chakra esté desbalanceado.

Dolencias físicas

El chakra sacro se relaciona con las hormonas, el hígado, la vejiga, el bazo, la parte inferior del intestino, los ovarios, los órganos sexuales y el sistema circulatorio. Cuando este chakra está hipoactivo, surgen ciclos menstruales irregulares, dolor lumbar, infecciones urinarias, cálculos renales, problemas de fertilidad, impotencia o molestias estomacales. Si el chakra sacro está hiperactivo, los síntomas pueden manifestarse como abuso de sustancias, síndrome premenstrual, comer emocional, menstruaciones abundantes, abortos espontáneos y adicción al sexo. Si presentas alguno de estos síntomas, sanar tu chakra sacro es fundamental.

Causas del desbalance

Las principales razones de un chakra sacro desbalanceado son abuso sexual, dificultades de fertilidad, traumas de parto, padres que no te permitieron ser creativo y sentir que debías ocultar una parte de ti, incluyendo esconder tu orientación sexual o creencias religiosas. Si de niño te privaron de alegría y estás en modo supervivencia, es probable que tus chakras inferiores se hayan visto seriamente impactados. Recuerda que este chakra alberga el trauma y la alegría de tu vida. Si careces de alegría y felicidad en tu vida, entonces enfócate en liberar la energía estancada en torno a tus traumas pasados.

3er Chakra~ Plexo Solar

El plexo solar es el último chakra de los inferiores. Se ubica justo debajo de la caja torácica, sobre el ombligo. El color amarillo representa este chakra. El plexo solar simboliza el amor propio, la autoestima y el poder personal. Cuando está balanceado, tienes confianza en ti mismo y te amas y aceptas tal como eres.

Desbalance emocional

Un chakra del plexo solar hipoactivo puede causar baja autoestima, incapacidad para dar los pasos necesarios, mentalidad de víctima, dudas sobre uno mismo o síndrome del impostor. Si te sientes codependiente o buscas el amor fuera de ti, este chakra está poco activo.

Los síntomas de un chakra del plexo solar hiperactivo incluyen ira, problemas de control, obsesión con el poder o el dinero, ansiedad cuando las cosas no salen como pensabas, perfeccionismo, adicción al trabajo e incluso narcisismo. Un plexo solar hiperactivo se manifiesta en considerarse siempre correcto o superior a los demás.

Dolencias físicas

El chakra del plexo solar se asocia con el estómago, los órganos digestivos, el hígado, la vesícula biliar, la parte media de la espalda, el páncreas y la parte superior de los intestinos. Un chakra hipoactivo provoca síntomas como baja energía, fatiga crónica, pérdida de apetito, problemas de vesícula, hígado débil, mala postura, rigidez muscular, intestino permeable, síndrome del intestino irritable, enfermedad celíaca o mala digestión. Cuando el chakra del plexo solar está hiperactivo, provoca estrés, úlceras, obsesión con comer saludable y hacer ejercicio, y hambre constante. Si reconoces algún síntoma, trabaja en sanar tu chakra del plexo solar.

Causas del desbalance

Los padres tienen la misión de amar a sus hijos. Si los hijos se sienten amados, crecerán amándose a sí mismos y creyendo que son dignos de amor. Si tuviste una infancia en la que no recibiste el amor que necesitabas de pequeño, entonces tu chakra del plexo solar se ha visto afectado. Al crecer sin ese amor, tiendes a buscar esa sensación en otras personas, lo que también se conoce como codependencia. Por lo tanto, puedes involucrarte en relaciones tóxicas y tener dificultad para poner límites porque sentirte amado se siente tan bien que ignoras las señales de alerta en las relaciones.

Si tus padres fueron demasiado indulgentes contigo en la infancia y te permitieron tener todo lo que querías, eso podría haberte creado un sentido de superioridad. Tu chakra del plexo solar también se vio impactado, pero de una manera diferente, haciéndote sentir superior a los demás y creer que siempre tienes la razón. Quizás no lo piensas dos veces antes de lastimar a otros y no sientas mucha empatía por aquellos a quienes hieres. Esto también se conoce como narcisismo.

4º Chakra~ Corazón

El chakra del corazón es el chakra central ubicado en el corazón. Su color es verde. Este chakra representa tu capacidad de amar, recibir ayuda y contiene tus memorias del pasado. También alberga tu habilidad para la compasión y el perdón. Cuando este chakra está balanceado, puedes amar libre y abiertamente, y te permites dar a otros y recibir de ellos. Además, te sientes más distanciado emocionalmente de los recuerdos; aunque siguen contigo, ya no te desencadenan. Este centro de energía se conoce como el puente entre los reinos físico y espiritual. Es el punto medio entre los chakras inferiores y superiores.

Desbalance emocional

Un chakra del corazón hipoactivo puede llevarte a cerrarte al amor, esconderte y carecer de autocompasión o empatía hacia los demás. Puedes experimentar falta de emociones, entumecimiento interior e incapacidad para llorar y expresar tus sentimientos.

Un chakra del corazón hiperactivo provoca los siguientes síntomas: amar demasiado, que se aprovechen de ti en las relaciones, ser muy emocional, desencadenarte con facilidad y recuerdos que te persiguen frecuentemente. Este chakra también conduce a la codependencia porque buscas el amor de otros para llenarte y sentirte mejor. Esto puede reflejarse en exceso de generosidad, complacer a la gente, inhabilidad para decir no y apegarte a alguien muy rápido al conocerlo.

Dolencias físicas

El chakra del corazón se asocia con el corazón, los pulmones, el sistema respiratorio, los hombros, el pecho, los senos, el timo y el plexo cardíaco. Síntomas como bloqueos cardíacos, dificultad para respirar, dolor en el pecho, hombros, brazos o depresión indican que el chakra del corazón está hipoactivo. Si está hiperactivo, se produce agrandamiento del corazón, presión arterial baja, depresión, agotamiento, cáncer de mama o bultos benignos. Sana tu chakra del corazón si tienes alguno de los síntomas mencionados.

Causas del desbalance

El chakra del corazón alberga nuestros recuerdos: los buenos y los dolorosos de nuestro pasado. Por lo tanto, cuanto más te aferras a la energía de memorias pasadas hirientes, más impacta a tu chakra del corazón. Cuanto más te desencadenas y no sueltas la energía que surge, la reprimes de vuelta hacia tu chakra del corazón, y con el tiempo esta energía empieza a afectar esa área de tu cuerpo a través de enfermedades físicas.

Otra razón para el desbalance del chakra del corazón es la falta de amor. Si no fuiste amado de la manera adecuada, fuiste herido en lugar de amado de niño, o lastimado en una relación más adelante en la vida, lo más probable es que cierres tu chakra del corazón y te mantengas cerrado al amor. Hice un video en YouTube donde comparto las señales de que estás cerrado al amor. A veces, no es lo que crees; veo mucha gente por ahí buscando amor cuando, de hecho, están cerrados a él. La falta de amor también puede hacer que hagas lo opuesto; que abras completamente tu corazón a casi cualquiera dispuesto a aceptar tu amor y corresponderte. Creo que tu personalidad y cuánto te han herido determinan cuál de las dos circunstancias diferentes experimentas.

5° Chakra~ Garganta

El chakra de la garganta está ubicado en tu garganta y es el primero de los chakras superiores. Se representa con el color azul. Este chakra simboliza tu autoexpresión, sonido, comunicación, verdad personal y creatividad individual. Cuando el chakra de la garganta está balanceado, puedes decir lo que piensas, expresarte como deseas, contarle a la gente cómo te sientes y establecer tus límites. Sientes la libertad de ser tú mismo y de no preocuparte por lo que otros piensen.

Desbalance emocional

Un chakra de la garganta hipoactivo puede causar miedo a hablar por ti mismo, expresar tus límites y decir no a la gente. También lleva a no decir lo que quieres decir, no ser auténtico y no poder discernir la verdad.

Los síntomas de un chakra de la garganta hiperactivo incluyen hablar en exceso, interrumpir a otros, ser insensible cuando la gente está hablando y una sensación de arrogancia.

Dolencias físicas

El chakra de la garganta se asocia con la garganta, el esófago, el cuello, la tiroides, las paratiroides, la zona cervical, la lengua, la mandíbula, los dientes y los oídos. Cuando este chakra está hipoactivo, surgen síntomas como dolor de garganta, mandíbula, cuello, hipotiroidismo, pérdida auditiva, sordera, faringitis estreptocócica recurrente, artritis cervical, nudo en la garganta, infecciones de oído o Hashimoto. Si está hiperactivo, puede provocar síntomas como hipertiroidismo, gritos, caries, pérdida de dientes o herpes labial. Empieza a sanar tu chakra de la garganta si experimentas uno o más de estos síntomas.

Causas del desbalance

Cuando un cliente mío me dice que tiene problemas con su garganta, inmediatamente le pregunto si no se le permitió expresarse o decir no cuando era niño. Una de las principales razones por las que tu chakra de la garganta está desbalanceado es que no pudiste expresarte de pequeño. También es posible que no pudieras expresar tus emociones; que te golpearan o avergonzaran cuando llorabas. Quizás aprendiste que llorar es una debilidad. No ser capaz de usar tu voz de niño causará un desbalance en el chakra de la garganta, lo que hará que te cueste decir no, poner límites o incluso hablar con la gente en general.

El chakra de la garganta podría estar hiperactivo porque de niño necesitabas usar demasiado tu voz. Tal vez de pequeño tenías que competir por atención o cuidar de tus padres o hermanos. Este tipo de responsabilidad pone mucha presión en los niños y hace que usen su voz poderosamente antes de tiempo.

6º Chakra~ Tercer Ojo

El chakra del tercer ojo es el centro de energía primario del cuerpo. Se representa con el color índigo y se localiza entre las cejas en la frente. El tercer ojo es el chakra de tu mente y te conecta con tu intuición. Este chakra te ayuda a ver las cosas como realmente son y te vincula con una energía superior, que no tiene forma física. Activamos el chakra del tercer ojo cuando queremos abrir nuestras habilidades psíquicas. Este chakra te ayuda a ver cosas en la vida que no puedes percibir a simple vista. Cuando tu tercer ojo está balanceado, te sientes alineado, en paz y eres capaz de mantener la calma. Estás contento con el camino que estás transitando y las cosas te resultan fáciles.

Desbalance emocional

Un chakra del tercer ojo hipoactivo puede hacerte sentir desmotivado, deprimido, temeroso y que veas cosas que no existen. Esto puede llevarte a sacar conclusiones apresuradas sin tener toda la información o a querer rendirte en la vida. Piensas demasiado con tu mente humana y no lo suficiente con tu fuente superior de energía. Podrías tener dificultades para recordar tus sueños y sentir tu intuición. Tus habilidades psíquicas están bloqueadas. Cuando el tercer ojo está hipoactivo, tampoco puedes ver quién eres realmente, y puedes tener problemas para aceptarte a ti mismo.

Un chakra del tercer ojo hiperactivo provoca que sueñes despierto en exceso y que no sepas distinguir entre lo real y lo falso. Puedes tener habilidades psíquicas aceleradas al punto de dejar entrar espíritus negativos, de los que querrás protegerte. Tener un tercer ojo hiperactivo puede impedirte conectar con tu mente humana y bloquearte la sanación.

Dolencias físicas

El chakra del tercer ojo se asocia con las glándulas pituitaria y pineal, el cerebro, el sistema neurológico, la frente, los ojos y la nariz. Cuando este chakra está hipoactivo, provoca dolores de cabeza, migrañas, ceguera nocturna, tumores cerebrales, infecciones sinusales o congestión nasal. Si está hiperactivo, puede provocar síntomas como dolores de cabeza, alucinaciones, hemorragias cerebrales o tumores cerebrales. Si tienes cualquiera de estos síntomas mencionados, sanar tu chakra del tercer ojo es esencial.

Causas del desbalance

La razón de un tercer ojo bloqueado es pensar demasiado. Esto podría ser sobreanalizar, preocuparse por todo, o aferrarse a todo lo que te sucedió cuando eras niño. Cuando tu mente está acelerada, es difícil abrir tu conciencia. Yo llamo a esto el EGO, un acrónimo de Echando Grandeza al Olvido. Cuando tu mente humana está al mando, crea un parloteo constante, que domina tu intuición o habilidades psíquicas. Si te distraes pensando, te perderás los mensajes que te llegan. Tener muchos traumas no sanados o heridas infantiles del pasado lleva a la charla mental y, como resultado, a un desbalance del tercer ojo.

La razón de una hiperactividad del tercer ojo puede ser el resultado de haber sido un niño que necesitaba escapar de la realidad; por lo tanto, te gustaba mucho imaginar o soñar despierto. Si tu hogar familiar no era el mejor, o quizás veías a tus padres pelear, o sufrías maltrato, esto podía hacer que te abrieras a la posibilidad de realidades diferentes. Por ende, esta situación hizo que abrieras tu tercer ojo a una edad temprana y te conectaras a una realidad distinta.

7° Chakra~ Corona

El chakra de la corona, ubicado en la cima de tu cabeza, es el último de los chakras superiores. Su color es púrpura o blanco. Este chakra representa la conciencia y tu conexión con la energía universal y lo Divino. Te ayuda a conectar con una vibración superior y a soltar tu mente humana. Cuando tu chakra coronario está abierto, te permite ver la belleza de la vida y apreciar lo que tienes. También te da la sensación de saber que hay más en la vida de lo que estás experimentando actualmente. Te brinda esperanza y te permite vivir tu vida con amor.

Desbalance emocional

Un chakra coronario hipoactivo te hace sentir desconectado, bloqueado, aislado, deprimido y letárgico.

Los síntomas de un chakra coronario hiperactivo incluyen adicción a las prácticas espirituales, alucinaciones, entidades negativas que se adhieren a ti, crisis nerviosas, experiencias extracorporales, pensamientos acelerados y ansiedad.

Dolencias físicas

El chakra coronario se asocia con el cráneo, el cerebro y la corteza cerebral. Cuando este chakra está hipoactivo o hiperactivo, surgen síntomas como dolores de cabeza, autismo, problemas de aprendizaje, tumor cerebral, Alzheimer, coma, amnesia, problemas de salud, desbalances hormonales o convulsiones. Sanar tu chakra corona es necesario si experimentas alguno de los síntomas mencionados.

Causas del desbalance

La razón de un chakra coronario bloqueado es el miedo a algo externo. Tal vez tuviste experiencias en tu pasado que te asustaron y cerraste tu conexión. Muchos niños experimentan una conexión con los espíritus a temprana edad. Sin embargo, no saben lo que es, se asustan y cierran la conexión, creando una barrera con el mundo espiritual. ¡Pero siempre pueden volver a abrirla cuando estén listos!

Un despertar espiritual puede provocar una hiperactividad del chakra coronario. Muchas personas se emocionan con esta nueva forma de ver el mundo. Incluso pueden volverse adictos a las prácticas espirituales por cómo los hace sentir. Un chakra coronario hiperactivo puede llevarte a perder el sentido de la realidad y a no sanar los problemas humanos que tienes. Es esencial tener un balance equitativo entre nuestro lado humano y nuestro lado espiritual porque somos seres energéticos viviendo en cuerpos humanos. Tienes que aprender a trabajar con ambos, para sacar lo mejor de tu vida y aprender las lecciones que estás aquí para aprender.

Hay mucho más que entender sobre los chakras si te interesa. Te he dado lo que necesitas saber para empezar a preocuparte por tus chakras y tu energía. Un aspecto importante que debes tener en cuenta es que si un chakra está bloqueado, la energía no fluye a través de todos ellos. Tu objetivo para tus chakras es mantener la energía vibrante fluyendo constantemente a través de ellos. Además, ten presente que si uno o varios chakras están bloqueados, la energía no puede fluir hacia los demás.

Me gusta empujar la energía de los pies a la cabeza, llevando toda la energía negativa estancada hacia la energía universal, para que pueda ser transmutada en hermosa energía vibrante. Otros sanadores no están de acuerdo y empujan la energía negativa de la cabeza a los pies, depositándola en la tierra. Cada persona es diferente, y cada sanador tiene que seguir lo que le resuena. El punto es hacer que tu energía fluya a través de todos tus chakras.

Como puedes ver, identificar los problemas físicos o psicológicos con los que estás lidiando puede ayudarte a determinar dónde está bloqueada o demasiado activa tu energía. Tu energía es la raíz de por qué tienes caos en tu vida. Hacer trabajo energético con tus chakras eliminará el desorden de muchas maneras.

Capítulo 10 - Tus Verdaderos Deseos

La verdadera esencia del éxito no radica únicamente en alcanzar una meta, sino en transformarte en el tipo de persona que merece ese logro. Si sientes insatisfacción con el rumbo actual de tu vida, no te desanimes. Ese sentimiento podría ser una señal positiva de que estás preparado para aspirar a más, de que tu entorno actual se ha vuelto limitante para tu crecimiento personal.

A lo largo de nuestro camino, establecemos límites autoimpuestos basados en experiencias y creencias pasadas. Estos límites definen nuestros deseos y cómo buscamos alcanzarlos. Si te sientes frustrado por estas restricciones, tómalo como un claro indicativo de que estás listo para un cambio significativo en tu vida, para manifestar cuánticamente lo que deseas.

El secreto del éxito yace en comprender que lograr un objetivo no te define automáticamente como triunfador. El éxito genuino emerge del proceso continuo de convertirte en la persona idónea para alcanzar esas metas. Ya sea en el ámbito de la salud, los negocios, las relaciones o cualquier otro aspecto de tu vida, concéntrate diariamente en cultivar las habilidades y la mentalidad necesarias para triunfar.

Observa atentamente el estilo de vida de aquellos a quienes admiras por su éxito. Es improbable que inviertan su tiempo valioso en actividades que no contribuyen a su desarrollo personal. En su lugar, dedican sus esfuerzos a forjar el tipo de persona capaz de realizar sus sueños.

Si te sientes estancado, reflexiona sobre tus verdaderas aspiraciones a corto y largo plazo. Luego, comprométete a tomar acciones concretas diarias que te dirijan hacia tus objetivos. Recuerda, nunca es tarde para empezar de nuevo, para reinventarte y perseguir tus sueños más audaces.

Para manifestar lo que deseas, define con claridad tus anhelos. No permitas que las dudas o miedos te detengan. Responde con honestidad preguntas como: ¿Cuál es mi deseo genuino? ¿Por qué lo deseo? ¿Para beneficio de quién lo busco? ¿Quién podría haber pensado que no lo lograría y por qué? ¿Qué considero posible? ¿Qué veo como imposible? ¿Realmente creo que puedo lograrlo? ¿Por qué?

Dedicar tiempo a esta introspección te brindará respuestas profundas que no se obtienen solo pensando. Te ayudará a priorizar lo que realmente valoras: salud, relaciones, carrera, finanzas, familia, recreación, etc.

Visualiza tu meta con claridad y cómo te sentirás al lograrla. Si se trata de un negocio, define qué significa para ti "ser exitoso". Si es un ascenso laboral, determina qué características y habilidades debe poseer el empleado que merece esa posición. Una visión detallada será el faro que guiará tus acciones hacia tu destino deseado.

La mayoría de los obstáculos que enfrentamos provienen de nuestro interior, mientras que solo una pequeña parte son externos. Nuestras resistencias internas, a menudo patrones de pensamiento obsoletos y creencias limitantes originadas en nuestra infancia, son las que limitan nuestros logros. Identificarlas y superarlas es crucial para avanzar hacia nuestras metas.

Cuestiona tus comportamientos, pensamientos o creencias que te están reteniendo. Al cuestionarlos intensamente, ganarás claridad sobre cómo superarlos. Si aún no tienes total claridad, avanza en la dirección que te parezca más adecuada, aunque sea con pequeños pasos. Este movimiento inicial romperá la parálisis y te proporcionará nueva información para corregir el rumbo si es necesario. Recuerda que incluso las acciones más pequeñas pueden generar un gran impacto.

Para desenvolverte como un auténtico triunfador y avanzar a pasos agigantados hacia tus metas, aviva tu llama interna aspirando a ser la persona que merece alcanzarlas. Adopta esa nueva identidad y tu entorno comenzará a transformarse para adaptarse a ella.

Maximiza tu rendimiento diario enfocándote en las tareas más importantes y eliminando aquellas que no te acercan a tus metas. Concéntrate intensamente en tus objetivos, manteniendo tu atención fija en ellos como un láser apuntando a su blanco.

Mantén un orden impecable en tus agendas, espacios de trabajo y archivos. La organización propicia un ambiente propicio para la eficiencia y la creatividad. Establece sistemas y rutinas que optimicen tu tiempo y energía.

Expande tu red de contactos interactuando con colegas de tu sector y participando activamente en eventos relacionados. Evita el contacto con individuos negativos que solo ven obstáculos en lugar de oportunidades. Enriquécete con nuevas perspectivas y forja relaciones valiosas.

Prioriza actividades que reduzcan tu estrés, como la meditación, el yoga, la naturaleza o cualquier pasatiempo que te permita desconectar y recargar energías. Cuida tu bienestar para potenciar tu productividad e innovación.

Cultiva una fe inquebrantable en tus habilidades y valor. Si en algún momento dudas de ti mismo, enfócate en fortalecer tu autoconfianza recordando tus logros pasados y rodeándote de personas que crean en ti. Tu autoestima definirá hasta dónde puedes llegar.

Deja atrás los errores del pasado, aprende de ellos y avanza con mayor sabiduría. Ante cualquier tropiezo, adapta tu estrategia y sigue adelante con determinación. El fracaso es simplemente un escalón más hacia el éxito para aquellos dispuestos a perseverar.

Alinea tus metas con lo que verdaderamente amas y valoras. Persíguelas con todo tu ser, con cada fibra de tu cuerpo y cada rincón de tu mente. La pasión y el entusiasmo genuino por tus objetivos atraerán oportunidades y aliados en tu camino.

Haz de la persistencia tu cualidad distintiva para alcanzar un éxito sin precedentes. Continúa adelante incluso cuando otros ya han renunciado. Desarrolla una voluntad de hierro, inquebrantable ante los desafíos.

Los pequeños progresos constantes pueden transformar tu vida de manera radical. Puedes enfocarte en perfeccionar una cualidad a la vez hasta que se convierta en un hábito arraigado, y luego incorporar otra.

Complementa tus cambios internos con acciones externas "como si" para convencer a tu subconsciente de que ya has alcanzado el éxito deseado. Actúa en el presente como tu versión ideal, identificando hábitos, entornos, actitudes y acciones valientes que puedas adoptar desde ahora para materializar esa versión superior de ti.

Prepara tu vida para recibir lo que deseas, organizando todo para la llegada triunfal de tus metas. Estos preparativos no solo te acercarán de manera práctica a ellas, sino que también construirán en tu mente subconsciente la expectativa de un éxito inminente, haciéndolo realidad.

Transforma tu identidad desde lo más profundo estudiando a quienes ya han logrado lo que deseas y preguntándote constantemente "¿Qué harían ellos en esta situación?". Adopta sus mentalidades, principios y estrategias para elevar los tuyos.

Reflexiona sobre hábitos, relaciones y exigencias personales que has tolerado hasta ahora y que tu futuro YO exitoso no permitiría. Haz una limpieza profunda y establece nuevos estándares altos para ti y tu entorno.

Expresa al Universo tu total confianza en que tus sueños se materializarán y muestra gratitud sincera por todo lo bueno que está por venir. En vez de suplicar o esperar pasivamente, simplemente expresa: "Gracias, Universo, por (…tu deseo, como si ya fuera realizado)".

Demuestra tu fe inquebrantable organizando de antemano la celebración de tus logros futuros y visualízala con todo detalle. Sumérgete en los sentimientos de éxito, alegría y satisfacción; los actos imaginados se convierten en realidad tangible con la intensidad adecuada de creencia y emoción.

Haz de "Gracias, Universo, por mostrarme lo bueno que puede llegar a ser" tu afirmación por defecto y prepárate para vivir milagros cotidianos. Una actitud de gratitud profunda, vivida con antelación, es magia pura manifestándose.

Capítulo 11 - Manifestación Cuántica Al Instante

La vida nos presenta momentos de adversidad que impulsan nuestro deseo de un cambio profundo. En situaciones límite, hallamos la fuerza interior para dar un giro radical y transformar nuestra realidad. Pero, ¿es necesario pasar por una crisis para lograr una mejora significativa? ¿Hay otra forma de alcanzar estos cambios trascendentales? Y si logramos ese cambio, ¿puede perdurar o es efímero?

El concepto de "manifestación cuántica" nos brinda una poderosa metáfora para comprender la posibilidad de realizar cambios radicales. Así como el sistema nervioso lento de un caracol lo haría percibir un rápido desplazamiento como "teletransportación", nuestros sentidos nos engañan al no discernir cómo la materia aparece y desaparece constantemente. Vemos las cosas como sólidas, aunque en el plano cuántico fluctúan de forma intermitente.

La ciencia revela que la realidad es incierta e impredecible. Pero en lugar de verlo como limitación, recordemos que en la incertidumbre yace la libertad. Si la realidad es maleable y sujeta a cambios instantáneos, también lo es nuestra capacidad de transformarnos y manifestar nuevas versiones de nosotros mismos.

Prepárate para descubrir cómo trascender tus limitaciones autoimpuestas y experimentar una transformación profunda en un abrir y cerrar de ojos. El cambio gradual es una vía factible, pero la manifestación cuántica conlleva resultados mucho más impactantes, introduciéndote a una nueva y estimulante realidad personal. Es una transformación radical que ocurre en un instante, desafiando las nociones convencionales de tiempo y esfuerzo.

Para propiciar estos cambios, la clave está en visualizar y encarnar la realidad que deseas, alineando tus pensamientos, emociones y acciones con esa visión. Esto crea un campo vibracional que atrae las circunstancias necesarias para materializarla. Reflexiona: ¿Albergas un sueño que te apasiona? ¿Estás dispuesto a transformarte en la persona destinada a alcanzarlo? ¿Puedes cuestionar tus creencias limitantes y abrazar cierta incertidumbre para avanzar hacia tu objetivo?

Si has respondido afirmativamente, tienes el perfil ideal para experimentar una manifestación cuántica. Todo se origina en tu mundo interno, esa matriz que actúa como diseño divino al cual la materia física es atraída. Tú estás compuesto por la misma materia que las partículas cuánticas capaces de cambiar de posición instantáneamente.

Manifestar cuánticamente implica asumir riesgos y aventurarse en lo desconocido. Comienza con una firme decisión sobre la realidad personal que deseas y en quién quieres transformarte. Sigue tus pasiones, aquello que te hace vibrar de emoción. Una vez tengas una meta clara, hazlo con determinación y sin dudar. Comprométete de lleno desde el principio, abrazando tu sueño con pasión y entrega total.

Dedica un momento a pensar en lo que realmente ha funcionado para ti en el pasado, y luego olvídalo por completo. Avanzar hacia un nuevo nivel exige dejar atrás tu viejo yo y abrirte a lo nuevo. Sal de tu zona de confort y explora comportamientos y estrategias inusuales. A menudo, la solución más simple y obvia es la que pasamos por alto.

Concentra tu atención en tus deseos más profundos, ignorando los obstáculos percibidos. Tu cerebro es increíblemente adaptable, capaz de remodelar constantemente en respuesta a tus pensamientos y experiencias. Literalmente te transformas en aquello en lo que piensas. Tu imaginación te lleva más allá de las fronteras del tiempo y el espacio, abriéndote a un abanico de posibilidades futuras.

Evidencias científicas respaldan la idea de que cada persona es arquitecta de su propia realidad mediante sus pensamientos. Los avances en física cuántica sugieren que albergar un deseo ferviente y confiar en nuestra visión puede propiciar que la vida nos lo conceda. Emplea la técnica de visualización activa para crear una "memoria futura" vívida de tu estado deseado y transpórtate a él con todo tu ser.

Actúa como si ya fueras quien sueñas ser, pues esta práctica forja conexiones neuronales específicas en tu cerebro hasta que se vuelven una creencia arraigada. Si sueñas con realizar algo extraordinario, se materializará siempre que lo "actúes" con pasión y entrega total. El universo conspirará para hacerlo realidad.

Aprende a convivir con la incertidumbre, pues un cambio significativo desafía tus creencias previas. La disposición a atravesar un caos temporal, viéndolo como una ventana a la creatividad y al crecimiento exponencial, aumentará enormemente tus probabilidades de éxito. Anticipa lo inesperado, pues manifestar cuánticamente la vida de tus sueños puede llevarte más allá de tus expectativas más audaces.

Tienes en tus manos el poder de elegir cómo reaccionar ante cualquier situación. Permítete experimentar la incomodidad inicial al adaptarte a nuevas formas de ser, sabiendo que es parte natural del proceso de transformación. Prepárate para sorpresas agradables en el camino, pues las personas percibirán en ti una nueva luz y energía. Situaciones fortuitas te beneficiarán de maneras asombrosas, abriendo puertas y oportunidades que antes parecían cerradas.

Capítulo 12 - Energía, Amor Y Relaciones

La vibración de tu energía atrae energías similares, un principio que se aplica también a las relaciones. El amor, siendo la vibración energética más elevada, se manifiesta en relaciones saludables donde puedes percibir esa alta frecuencia. Sin embargo, en mi práctica profesional, he acompañado a numerosas personas en su proceso de sanación tras experiencias en relaciones perjudiciales.

Una relación nociva se caracteriza por la falta de apoyo mutuo, conflictos constantes, desconfianza, engaños frecuentes y menosprecio hacia el otro. Es común encontrar dinámicas abusivas donde una de las partes carece de empatía hacia la otra. Estas interacciones dañinas generan una vibración energética muy baja, afectando tu percepción personal y amplificando la baja frecuencia de la pareja problemática. Es importante recordar que estas dinámicas no se limitan al ámbito romántico, sino que pueden darse en cualquier tipo de vínculo interpersonal, independientemente del género.

Este tipo de relaciones deteriora gravemente la autoestima y el amor propio. Muchas personas se preguntan por qué atraen constantemente a individuos tóxicos a sus vidas. La respuesta invariablemente se relaciona con su propia energía. Los manipuladores y narcisistas tienen la habilidad de detectar rápidamente si pueden ejercer control sobre alguien basándose en su campo energético.

Estos individuos suelen sentirse atraídos por personas codependientes, aquellas que buscan amor externo al carecer de amor propio. La codependencia se manifiesta en complacencia excesiva, falta de límites y apego rápido a los demás. Estas conductas generalmente tienen su origen en carencias afectivas durante la infancia, lo que lleva a buscar ese amor en fuentes externas.

Tanto las personalidades codependientes como las narcisistas arrastran traumas pasados que disminuyen su vibración energética, propiciando su atracción mutua. He observado que cuando mis consultantes codependientes sanan y liberan la energía asociada a su infancia, dejan de atraer a personas narcisistas. Desarrollan límites sólidos y los mantienen, priorizando su bienestar desde el amor propio.

Un narcisista, al percibir que no puede manipularte, buscará a alguien más vulnerable. Si te encuentras atrayendo constantemente este tipo de relaciones o estás inmerso en una, es señal de que hay aspectos internos que requieren sanación para rodearte de personas que te impulsen positivamente.

Si te identificas como una persona empática y codependiente, es crucial que te protejas de individuos narcisistas, pues podrían aprovecharse fácilmente de ti. Explotarán tu empatía y tu necesidad de afecto, jugando con tus emociones hasta crear un vínculo de dependencia, momento en el que revelarán su verdadera naturaleza.

Fin

Recuerda Seguirnos en

https://youtube.com/@TusDecretos

www.ingramcontent.com/pod-product-compliance
Lightning Source LLC
La Vergne TN
LVHW051134080426
835510LV00018B/2402